현직 승무원이 알려주는

리얼 항공 중국어

강지수, 김시아, 채현정 지음   윤승희 감수

동양북스

현직 승무원이 알려주는

리얼 항공 중국어

초판 2쇄 발행 | 2018년 8월 20일

지은이 | 강지수, 김시아, 채현정
감　수 | 윤승희
발행인 | 김태웅
편집장 | 강석기
책임편집 | 정지선
디자인 | 방혜자, 김효정, 서진희
마케팅 총괄 | 나재승
마케팅 | 서재욱, 김귀찬, 오승수, 조경현, 양수아
온라인 마케팅 | 김철영, 양윤모
제　작 | 현대순
총　무 | 김진영, 안서현, 최여진, 강아담
관　리 | 김훈희, 이국희, 김승훈

발행처 | 동양북스
등　록 | 제 10-806호(1993년 4월 3일)
주　소 | 서울시 마포구 동교로22길 12(04030)
전　화 | (02)337-1737
팩　스 | (02)334-6624
웹사이트 | http://www.dongyangbooks.com

ISBN 979-11-5703-204-4 13720
ⓒ 강지수, 김시아, 채현정 2016

▶ 본 책은 저작권법에 의해 보호를 받는 저작물이므로 무단 전재와 복제를 금합니다.
▶ 잘못된 책은 구입처에서 교환해 드립니다.

이 도서의 국립중앙도서관 출판예정도서목록(CIP)은 서지정보유통지원시스템 홈페이지(http://seoji.go.kr)와
국가자료공동목록시스템(http://www.nl.go.kr/kolisnet)에서 이용하실 수 있습니다.
(CIP제어번호: CIP2016022299)

500만 독자가 선택한

가장 쉬운
독학 일본어 첫걸음
14,000원

가장 쉬운
독학 중국어 첫걸음
14,000원

가장 쉬운
독학 베트남어 첫걸음
15,000원

가장 쉬운
독학 스페인어 첫걸음
15,000원

가장 쉬운
독학 프랑스어 첫걸음
16,500원

가장 쉬운
독학 태국어 첫걸음
16,500원

가장 쉬운
프랑스어 첫걸음의 모든 것
17,000원

가장 쉬운
독일어 첫걸음의 모든 것
18,000원

가장 쉬운
스페인어 첫걸음의 모든 것
14,500원

첫걸음 베스트 1위!

동양북스
www.dongyangbooks.com
m.dongyangbooks.com

가장 쉬운 러시아어
첫걸음의 모든 것
16,000원

가장 쉬운 이탈리아어
첫걸음의 모든 것
17,500원

가장 쉬운 포르투갈어
첫걸음의 모든 것
18,000원

버전업! 가장 쉬운
베트남어 첫걸음
16,000원

가장 쉬운 터키어
첫걸음의 모든 것
16,500원

버전업! 가장 쉬운
아랍어 첫걸음
18,500원

가장 쉬운 인도네시아어
첫걸음의 모든 것
18,500원

버전업! 가장 쉬운
태국어 첫걸음
16,800원

가장 쉬운 영어
첫걸음의 모든 것
16,500원

버전업! 굿모닝
독학 일본어 첫걸음
14,500원

가장 쉬운 중국어
첫걸음의 모든 것
14,500원

오늘부터는 팟캐스트로 공부하자!

팟캐스트 무료 음성 강의

▶1

iOS 사용자

Podcast 앱에서
'동양북스' 검색

▶2

안드로이드 사용자

플레이스토어에서 '팟빵' 등
팟캐스트 앱 다운로드,
다운받은 앱에서
'동양북스' 검색

▶3

PC에서

팟빵(www.podbbang.com)에서
'동양북스' 검색
애플 iTunes 프로그램에서
'동양북스' 검색

◉ **현재 서비스 중인 강의 목록** (팟캐스트 강의는 수시로 업데이트 됩니다.)

- 가장 쉬운 독학 일본어 첫걸음
- 페이의 적재적소 중국어
- 가장 쉬운 독학 중국어 첫걸음
- 중국어 한글로 시작해
- 가장 쉬운 독학 베트남어 첫걸음

매일 매일 업데이트 되는 동양북스 SNS! 동양북스의 새로운 소식과 다양한 정보를 만나보세요.

blog.naver.com/dymg98　instagram.com/dybooks　facebook.com/dybooks　twitter.com/dy_books

머리말

중국의 경제성장과 한류(韓流)의 영향으로 한중 양국의 교류가 더욱더 활발해졌습니다. 중국인의 해외여행 또한 꾸준히 증가하고 있으며, 국내외 항공사도 중국 노선을 강화하고 있습니다. 주력 노선에서는 중국인 승객 비율이 내국인 승객을 넘어섬에 따라 중국어 실무 능력을 갖춘 승무원에 대한 수요도 점차 증가하고 있습니다. 하지만 언어적 어려움과 중국 문화에 대한 이해 부족으로 중국인 승객들과의 커뮤니케이션에 어려움을 겪고 있습니다.

저자들은 중국 항공사 5년 차 승무원으로 중국 유학 생활과 중국 항공사에서의 비행 경력을 바탕으로 실제 기내에서 활용 가능한 항공 서비스 중국어를 익힐 수 있는 『리얼 항공 중국어』를 집필하게 되었습니다.

이 책은 기내에서 일어나는 여러 상황을 설정하여 승무원과 승객의 대화로 회화를 구성하였으며, 다양한 표현을 익힐 수 있도록 매 과마다 2~5개의 회화를 수록하였습니다. 회화에서 배운 표현은 문장연습을 통해 다양하게 활용할 수 있도록 하였으며, 본문과 관련된 문장, 어휘, 비행 지식을 다양한 자료를 통해 배우는 플러스 코너를 구성하였습니다. 매 챕터가 끝나면 연습문제로 실력을 점검하고 저자들의 실제 경험이 담긴 비행 에피소드를 통해 학습의 흥미를 높일 수 있도록 하였습니다. 또한, 부록으로 기내 방송문과 면세&기내 용어, 승무원 합격의 비밀을 수록하였습니다.

이 책이 항공사 취업을 희망하는 준비생, 국내외 현직 승무원, 중국어 학습자 모두에게 꼭 필요한 필독서가 되길 바라며, 사랑하는 가족들과 5년 동안 함께 비행하며 기쁨과 슬픔을 나눈 중국국제항공 동기들과 선배님들에게 고맙다는 말을 전하고 싶습니다.

저자
강지수, 김시아, 채현정

목차

chapter ❶

chapter ❷

chapter ❸

본책 

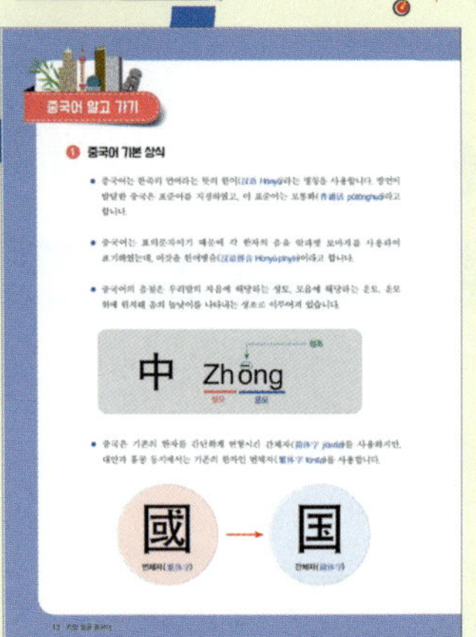

❶ 중국어 알고 가기

본문 학습 전에 꼭 알아야 하는 중국어의 기본 상식, 발음, 문장 성분에 대해 정리했습니다.

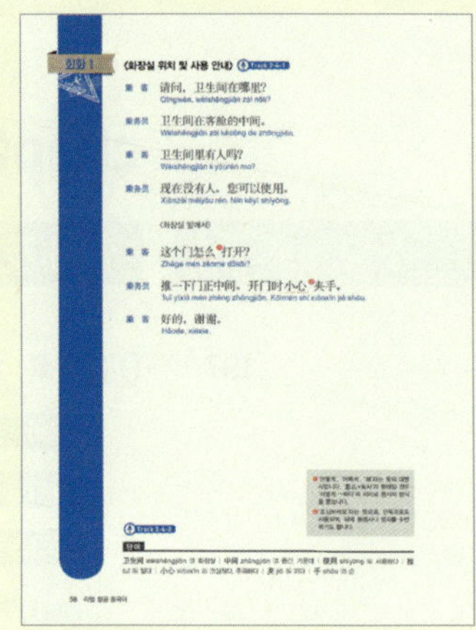

❷ 회화

비행기 탑승에서 착륙까지, 공항과 기내에서 이루어지는 모든 상황을 담았습니다. 현직 승무원이 알려 주는 비행 팁과 기초 어법을 팁 상자에서 확인할 수 있습니다.

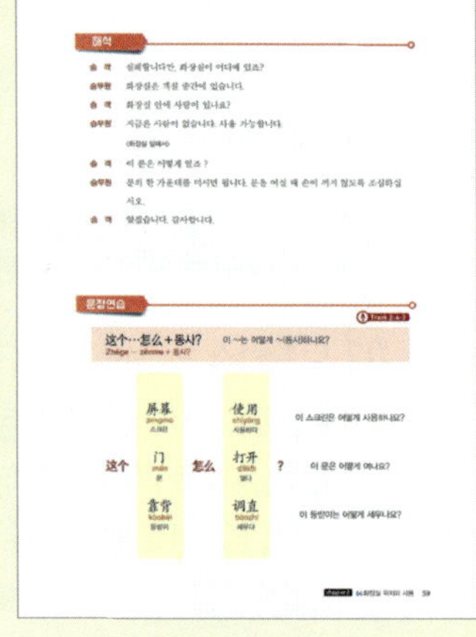

❸ 해석&문장연습

본문 회화의 해석을 바로 확인하고, 문장연습을 통해 단어를 교체해 가며 문장을 익힐 수 있습니다.

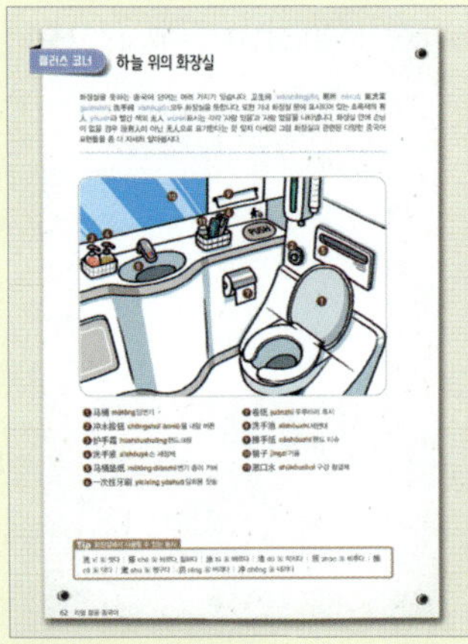

❹ 플러스코너

본문 회화와 관련된 문장, 어휘, 비행 지식을 다양한 자료와 함께 학습할 수 있습니다.

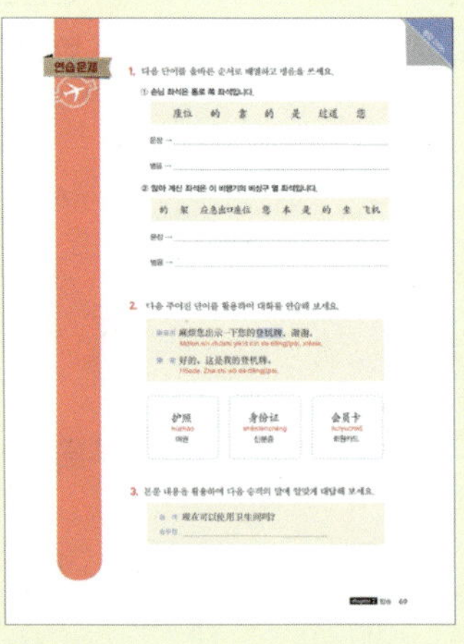

❺ 연습문제

한 chapter에서 배운 내용을 확인하는 코너입니다. 주요 문장을 다시 한 번 써 보고, 본문 내용을 활용한 말하기 연습을 할 수 있습니다.

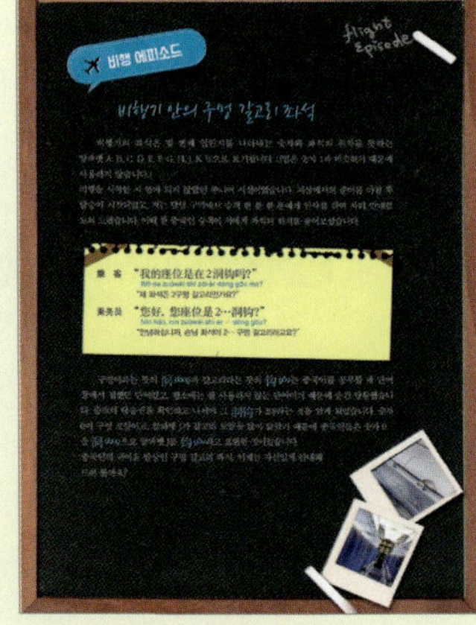

❻ 비행 에피소드

비행 중 실제로 경험한 에피소드로 생생한 기내 현장을 엿볼 수 있습니다.

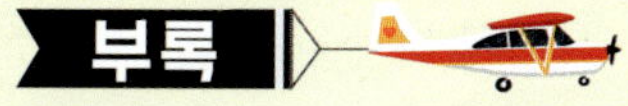

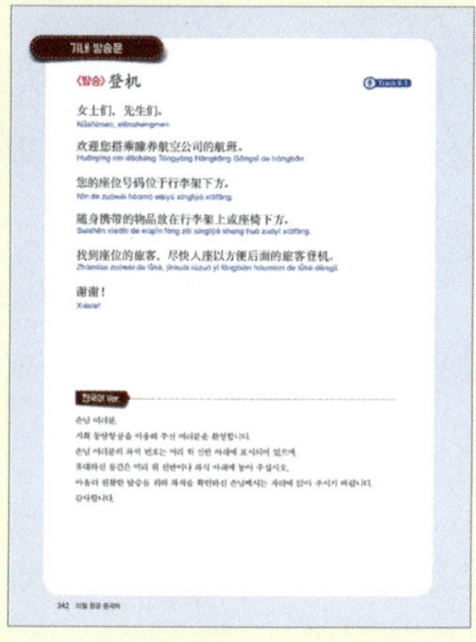

❶ 기내 방송문
기내 방송문을 원어민 음성으로 듣고 읽어 볼 수 있습니다.

❷ 면세&기내 용어
기내 서비스 시 알아두면 좋은 용어를 부록으로 정리하였습니다.

❸ 승무원 합격의 비밀
저자와 승무원 지망생들이 만나 나눈 이야기를 Q&A 형식으로 정리하였습니다.

MP3 Track

본책	중국어 알고 가기	Track 0-1 ~ Track 0-4
	회화, 단어, 문장연습	Track 1-1-1 ~ Track 7-2-6
부록	기내 방송문	Track 8-1 ~ Track 8-12

* MP3 파일은 본책과 부록, 두 폴더로 나누어져 있습니다.

〈MP3 Track 번호 설명 예시〉

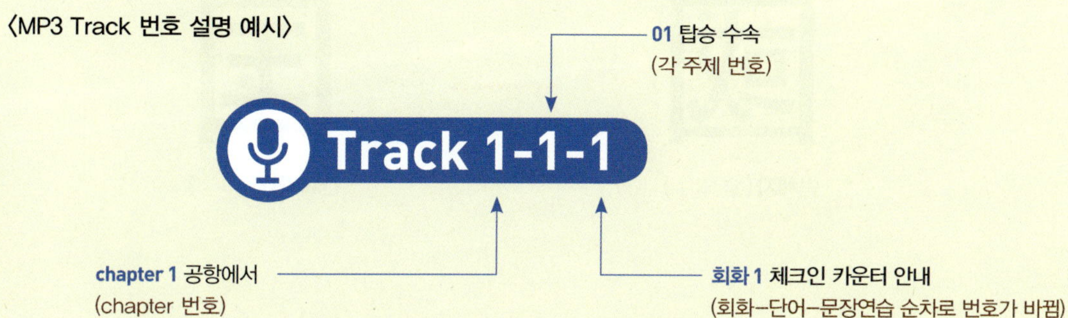

* CD의 Track 번호는 순차적 재생을 위해 마지막 자리에 0을 추가하여 Track 1-1-01과 같이 표기하였습니다.

1 중국어 기본 상식

- 중국어는 한족의 언어라는 뜻의 한어(汉语 Hànyǔ)라는 명칭을 사용합니다. 방언이 발달한 중국은 표준어를 지정하였고, 이 표준어는 보통화(普通话 pǔtōnghuà)라고 합니다.

- 중국어는 표의문자이기 때문에 각 한자의 음을 알파벳 로마자를 사용하여 표기하였는데, 이것을 한어병음(汉语拼音 Hànyǔ pīnyīn)이라고 합니다.

- 중국어의 음절은 우리말의 자음에 해당하는 성모, 모음에 해당하는 운모, 운모 위에 위치해 음의 높낮이를 나타내는 성조로 이루어져 있습니다.

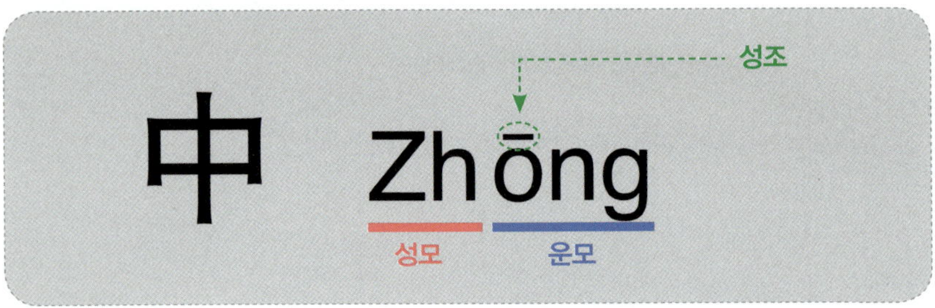

- 중국은 기존의 한자를 간단하게 변형시킨 간체자(简体字 jiǎntǐzi)를 사용하지만, 대만과 홍콩 등지에서는 기존의 한자인 번체자(繁体字 fántǐzi)를 사용합니다.

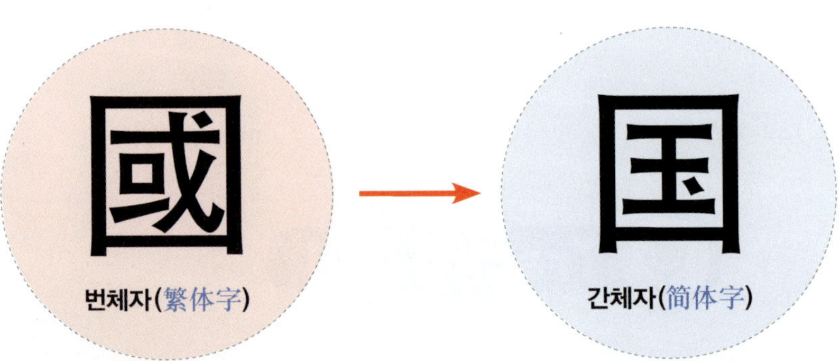

② 성모 🎙 Track 0-1

우리말의 자음에 해당합니다.

✓ **쌍순음**　　양 입술을 붙였다 떼면서 내는 소리

b(o)	p(o)	m(o)
뽀어	포어	모어

✓ **순치음**　　윗니로 아랫입술을 살짝 깨물며 내는 영어의 f와 비슷한 소리

f(o)
포어

✓ **설첨음**　　혀끝이 윗잇몸 위쪽에 닿았다 떨어지면서 내는 소리

d(e)	t(e)	n(e)	l(e)
뜨어	트어	느어	르어

✓ **설근음**　　혀뿌리를 입천장에 붙였다 떼면서 공기를 강하게 내뱉는 소리

g(e)	k(e)	h(e)
끄어	크어	흐어

✓ **설면음**　　혀를 바로 펴고 입을 양쪽으로 벌려 주면서 공기를 내뱉는 소리

j(i)	q(i)	x(i)
지	치	시

✓ **권설음**　　말아 올린 혀끝이 입천장에 닿았다 떨어지면서 나는 소리

zh(i)	ch(i)	sh(i)	r(i)
즈	츠	스	르

✓ **설치음**　　혀끝을 윗니 뒤쪽에 두고 공기를 뱉으면서 내는 소리

z(i)	c(i)	s(i)
쯔	츠	쓰

우리말의 모음에 해당합니다. 운모는 한 개의 모음인 단운모와 두세 개의 모음으로 이루어진 복음모, 비음자음인 n, ng가 끝에 오는 비운모로 나눌 수 있습니다.

✔ **단운모**

a	o	e	i(-i)	u	ü	er
아	오어	으어	이(으)	우	위	어ㅡㄹ

★ i, u, ü가 단독으로 쓰일 때는 yi, wu, yu로 표기합니다.

✔ **복운모**

ia	ie	ua	uo	üe
이아	이에	우아	우어	위에

ai	ei	ao	ou
아이	에이	아오	오우

iao	iou	uai	uei
이아오	이오우	우아이	우에이

★ iou는 성모와 결합하면 iu가 됩니다.
★ uei는 성모와 함께 결합하면 ui가 됩니다.

✔ **비운모**

an	ian	uan	üan	en	in	uen	ün
안	이엔	우안	위엔	으언	인	우언	윈

★ uen은 성모와 함께 결합하면 un이 됩니다.

ang	iang	uang	ong	eng	ing	ueng	iong
앙	이앙	우앙	옹	엉	잉	우엉	이옹(융)

★ i로 시작하는 운모가 성모와 결합하지 않고 단독으로 쓰이면 i는 y로 바꾸어 표기하고, in과 ing은 i 앞에 y를 덧붙입니다.
★ u로 시작하는 운모가 성모와 결합하지 않고 단독으로 쓰이면 u는 w로 바꾸어 표기합니다.
★ ü로 시작하는 운모가 성모와 결합하지 않고 단독으로 쓰이면 ü 앞에 y를 붙이고 ü는 u로 바꾸어 표기합니다.

❹ 성조 🎙 Track 0-3

중국어의 성조는 1성, 2성, 3성, 4성 네 가지와 경성으로 나누어져 있습니다. 성조는 운모 위에 표시하며 운모가 2개 이상이면 a>o=e>i=u=ü의 순서대로 표기합니다. 중국어는 같은 발음이라도 성조에 따라 그 뜻이 달라지기 때문에 주의해서 발음해야 합니다.

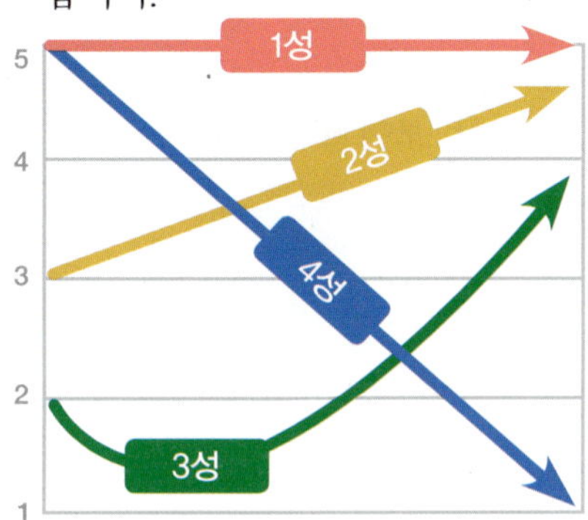

ā	1성	높은 음으로 길게 발음합니다.
á	2성	중간 음에서 고음으로 끌어올리며 발음합니다.
ǎ	3성	중간에서 가장 낮은 음으로 내려갔다가 부드럽게 올리며 발음합니다.
à	4성	높은 음에서 아래로 내리듯이 발음합니다.
a	경성	가볍고 짧게 발음합니다.

❺ 성조의 변화 🎙 Track 0-4

✔ **3성의 변화**

- 3성 + 1, 2, 4성, 경성 ➜ **반3성** + 1, 2, 4성, 경성
  예 北京 Běijīng, 以前 yǐqián, 感谢 gǎnxiè, 喜欢 xǐhuan

- 3성 + 3성 ➜ **2성** + 3성
  예 可以 kěyǐ

✔ **一(yī)와 不(bù)의 변화**

- 一(1성) + 4성 ➜ 一(2성) + 4성
  예 一共 yígòng

- 一(1성) + 1, 2, 3성 ➜ 一(4성) + 1, 2, 3성
  예 一天 yì tiān, 一年 yì nián, 一百 yìbǎi

- 不(4성) + 4성 ➜ 不(2성) + 4성
  예 不是 bú shì

★ 一가 서수, 연도, 나이로 쓰이거나 단독으로 쓰일 때는 원래 성조인 1성으로 발음합니다.
★ 一와 不는 변화된 성조로 표기합니다.

6 품사와 문장 성분

✔ 품사

중국어에는 명사, 대명사, 형용사, 조동사, 동사, 부사, 개사, 접속사, 수사, 양사, 조사, 감탄사 등의 품사가 있습니다.

✔ 문장 성분

중국어의 문장 성분은 주어, 술어, 목적어, 부사어, 관형어, 보어로 나뉩니다.

我	妈妈	刚刚	吃	完了	一个	巧克力	。
관형어 +	주어 +	부사어 +	술어 +	보어 +	관형어 +	목적어	

➜ 나의 어머니는 방금 초콜릿 하나를 다 드셨다.

7 인칭대명사

	1인칭	2인칭		3인칭		
단수	我 wǒ 나	你 nǐ 너	您 nín 당신	他 tā 그	她 tā 그녀	它 tā 그것
복수	我们 wǒmen 우리	你们 nǐmen 너희		他们 tāmen 그들	她们 tāmen 그녀들	它们 tāmen 그것들

★ 您은 你를 높여 부르는 말이지만 복수일 경우에는 您们으로 사용하지 않습니다.

공항에서

在机场

탑승 수속

票务服务

▶ **학습 목표**

체크인 카운터를 안내할 수 있습니다.
탑승권 발급 업무를 처리할 수 있습니다.
셀프 체크인 안내를 할 수 있습니다.

서비스 미리보기

여행객들은 공항에서 탑승하는 항공사의 카운터를 찾아 좌석 배정, 탑승권 수령, 수하물 수속 등을 받게 됩니다. 수하물이 없는 경우에는, 공항 체크인 카운터에 줄을 설 필요 없이 '수하물 없는 분' 라인을 이용하면 됩니다. 또한 셀프 체크인 서비스를 이용하여, 직접 좌석을 배정하고 탑승권을 출력하여 신속하게 수속을 마칠 수 있습니다.

〈체크인 카운터 안내〉 🎙 **Track 1-1-1**

乘　客　您好！请问，我在哪里办登机手续？
Nín hǎo! Qǐngwèn, wǒ zài nǎli bàn dēngjī shǒuxù?

地面人员　您好，您坐哪❶个航空公司的航班？
Nín hǎo, nín zuò nǎge hángkōng gōngsī de hángbān?

乘　客　我坐瞳养航空的983航班。
Wǒ zuò Tóngyǎng Hángkōng de jiǔ bā sān hángbān.

地面人员　我帮您看一下❷。
Wǒ bāng nín kàn yíxià.

电子屏幕上显示您在8号柜台办理手续。
Diànzǐ píngmù shang xiǎnshì nín zài bā hào guìtái bànlǐ shǒuxù.

乘　客　好的，谢谢您。
Hǎode, xièxie nín.

❶ 의문대명사로 종종 양사를 수반하여 '어떤', '어느', '어디'라는 의미로 해석합니다.
　예) 哪位乘客
　　　nǎ wèi chéngkè
　　　어느 승객
　　　哪个国家
　　　nǎge guójiā
　　　어느 국가

❷ '동사 + 一下'의 형식으로 '좀 ~해 보다', '한번 해 보다'라는 뜻입니다. '看 보다, 听 듣다, 说 말하다'와 같이 구체적인 행위를 나타내는 동사와 함께 사용합니다.

🎙 **Track 1-1-2**

단어

您 nín 때 당신, 선생님(你의 존칭) ｜ 好 hǎo 형 좋다 ｜ 登机 dēngjī 동 비행기에 탑승하다 ｜ 手续 shǒuxù 명 수속, 절차 ｜ 航班 hángbān 명 (배나 비행기의) 항공편, 운항편 ｜ 电子屏幕 diànzǐ píngmù 명 전광판, 스크린 ｜ 显示 xiǎnshì 동 뚜렷하게 나타내 보이다 ｜ 柜台 guìtái 명 카운터

승　객	안녕하세요! 저는 어디에서 탑승 수속을 받아야 하나요?
지상직원	안녕하세요, 어떤 항공사의 항공편을 이용하세요?
승　객	동양항공 983편을 이용합니다.
지상직원	제가 좀 봐 드리겠습니다.
	전자 스크린에 8번 카운터에서 탑승 수속을 받으시면 된다고 나옵니다.
승　객	네, 감사합니다.

문장연습

🎤 Track 1-1-3

在哪里…? *Zài nǎli …?*	어디에서 ~하나요?

在哪里	托运行李 tuōyùn xíngli 짐을 부치다		어디에서 짐을 부치나요?
	买机票 mǎi jīpiào 항공권을 사다	?	어디에서 항공권을 사나요?
	提取行李 tíqǔ xíngli 짐을 찾다		어디에서 짐을 찾나요?

〈탑승권 발급〉 Track 1-1-4

地面人员 您好，麻烦您给我看一下您的护照和电子客票。
Nín hǎo, máfan nín gěi wǒ kàn yíxià nín de hùzhào hé diànzǐ kèpiào.

乘　客 给您，我想要靠窗的座位[1]。谢谢。
Gěi nín, wǒ xiǎng yào kào chuāng de zuòwèi. Xièxie.

地面人员 好的，我会给您安排的[2]。
Hǎode, wǒ huì gěi nín ānpái de.

乘　客 谢谢。
Xièxie.

地面人员 这是您的登机牌，您的座位是12L。
Zhè shì nín de dēngjīpái, nín de zuòwèi shì shí'èr L.

登机口在E25号，晚上7点半开始登机。
Dēngjīkǒu zài E èrshíwǔ hào, wǎnshang qī diǎn bàn kāishǐ dēngjī.

起飞前10分钟关机门。请留意机场广播提示。
Qǐfēi qián shí fēnzhōng guān jīmén. Qǐng liúyì jīchǎng guǎngbō tíshì.

乘　客 好的，知道了。谢谢。
Hǎode, zhīdao le. Xièxie.

[1] 靠窗户的座位를 줄여서 靠窗的座位라고 말하기도 합니다.

[2] 会와 的 사이에 동사를 넣어 미래에 대한 추측을 표현합니다. 이때 的는 종종 생략하기도 합니다.
예) 我会成功的。
Wǒ huì chénggōng de.
저는 성공할 거예요.

Track 1-1-5

단어

麻烦 máfan 통 귀찮게 하다, 폐를 끼치다 | 护照 hùzhào 명 여권 | 电子客票 diànzǐ kèpiào 명 전자 티켓 | 靠 kào 통 기대다 | 安排 ānpái 통 안배하다, 일을 처리하다 | 登机牌 dēngjīpái 명 탑승권 | 开始 kāishǐ 통 시작하다, 개시하다 | 留意 liúyì 통 관심을 기울이다, 주의하다 | 广播 guǎngbō 명 방송 | 提示 tíshì 명 도움말

지상직원	안녕하세요. 실례합니다만, 여권과 전자 티켓 좀 보여 주십시오.
승 객	여기 있습니다. 저는 창가 쪽 좌석으로 부탁드립니다. 감사합니다.
지상직원	네, 그렇게 배정해 드리겠습니다.
승 객	감사합니다.
지상직원	여기 손님 탑승권입니다. 손님 좌석은 12L입니다.
	탑승구는 E25번이고, 저녁 7시 30분에 탑승을 시작합니다.
	출발 10분 전에 탑승을 마감합니다. 공항 안내 방송에 귀 기울여 주세요.
승 객	네, 알겠습니다. 감사합니다.

문장연습

🎙 **Track 1-1-6**

我想要靠…的座位。 저는 ～쪽 좌석을 원합니다.
Wǒ xiǎng yào kào … de zuòwèi.

	过道 guòdào 통로		저는 통로 쪽 좌석을 원합니다.
我想要靠	**前** qián 앞	**的座位。**	저는 앞쪽 좌석을 원합니다.
	后 hòu 뒤		저는 뒤쪽 좌석을 원합니다.

〈셀프 체크인 안내〉 🎤 Track 1-1-7

地面人员 您好，您有托运行李吗?
Nín hǎo, nín yǒu tuōyùn xíngli ma?

乘　客 没有。
Méiyǒu.

地面人员 如果您没有托运行李的话❶，可以在自助值机上办理手续。
Rúguǒ nín méiyǒu tuōyùn xíngli dehuà, kěyǐ zài zìzhùzhíjī shang bànlǐ shǒuxù.

自助值机又快又❷方便。
Zìzhùzhíjī yòu kuài yòu fāngbiàn.

乘　客 好的。请问，自助值机怎么使用?
Hǎode. Qǐngwèn, zìzhùzhíjī zěnme shǐyòng?

地面人员 按照❸屏幕提示操作选择座位，打印登机牌就可以了。
Ànzhào píngmù tíshì cāozuò xuǎnzé zuòwèi, dǎyìn dēngjīpái jiù kěyǐ le.

乘　客 谢谢您。
Xièxie nín.

❶ '만약 ～라면'의 뜻으로, 접속사를 사용해 두 개의 문장을 연결하여 조건문, 가정문을 만들 수 있습니다.

❷ '～하기도 하고, ～하기도 하다'라는 의미로, '두 개의 형용사 또는 동사+목적어'의 형식으로 쓰일 수 있습니다.

❸ '～에 따라', '～에 의해'라는 의미로, 어떠한 근거로 인해서 그대로 실행해야 한다는 의미를 가지고 있습니다.
예) 按照公司的规定
　　ànzhào gōngsī de guīdìng
　　회사 규정에 따라
　　按照您的要求
　　ànzhào nín de yāoqiú
　　당신의 요구에 따라

🎤 Track 1-1-8

단어

托运 tuōyùn 동 (짐, 화물을) 탁송하다, 운송하다 ｜ 自助值机 zìzhùzhíjī 명 셀프 체크인 ｜ 快 kuài 형 빠르다 ｜ 方便 fāngbiàn 형 편리하다 ｜ 按照 ànzhào 개 ～에 따라, ～에 의해 ｜ 屏幕 píngmù 명 스크린 ｜ 操作 cāozuò 동 조작하다, 다루다 ｜ 选择 xuǎnzé 동 선택하다 ｜ 打印 dǎyìn 동 인쇄하다, 프린트하다

지상직원	안녕하세요. 손님, 부치실 짐이 있으신가요?
승 객	없습니다.
지상직원	부치실 짐이 없으시다면 셀프 체크인을 이용하여 수속하셔도 됩니다.
	셀크 체크인은 빠르고 편리합니다.
승 객	알겠습니다. 실례하지만, 셀프 체크인은 어떻게 사용하나요?
지상직원	스크린의 지시에 따라 좌석을 선택하고, 탑승권을 인쇄하시면 됩니다.
승 객	감사합니다.

문장연습

주어 + 又…又…。 ～(주어)는 ～하기도 하고 ～하기도 하다.
주어 + yòu … yòu ….

老师 Lǎoshī 선생님		高 gāo 크다		漂亮 piàoliang 예쁘다	선생님은 키가 크고 예쁩니다.
小朋友 Xiǎopéngyou 어린이	又	聪明 cōngming 똑똑하다	又	乖 guāi 착하다	어린이는 똑똑하고 착합니다.
那个菜 Nàge cài 그 요리		便宜 piányi 싸다		好吃 hǎochī 맛있다	그 요리는 싸고 맛있습니다.

항공사별 중국어 명칭

항공동맹은 항공사 간의 연합을 말합니다. 같은 동맹은 공동운항(Code share)을 통해 승객에게 다양한 항공 스케줄, 예약 편의, 마일리지 적립, 추가 수하물 혜택 등의 서비스를 제공하며, 이를 통해 항공사는 매출 증대와 비용 절감을 이룰 수 있습니다. 항공동맹은 크게 스카이팀(SkyTeam), 스타얼라이언스(Star Alliance), 원월드(oneworld)로 나뉩니다. 또한 최근에는 저비용 항공사(LCC:Low Cost Carrier)들 간의 동맹인 밸류얼라이언스(Value Alliance)도 결성되었습니다. 각 항공동맹에 속한 항공사와 국내 저비용 항공사의 중국어 명칭을 알아봅시다.

스카이팀 天合联盟 Tiānhé Liánméng			
대한항공	大韩航空	Dàhán Hángkōng	KE
중국동방항공	中国东方航空	Zhōngguó Dōngfāng Hángkōng	MU
중국남방항공	中国南方航空	Zhōngguó Nánfāng Hángkōng	CZ
중화항공	中华航空	Zhōnghuá Hángkōng	CI
하문항공	厦门航空	Xiàmén Hángkōng	MF
네덜란드항공	荷兰皇家航空	Hélán Huángjiā Hángkōng	KL
에어프랑스	法国航空	Fǎguó Hángkōng	AF

스타얼라이언스 星空联盟 Xīngkōng Liánméng			
아시아나항공	韩亚航空	Hányà Hángkōng	OZ
중국국제항공	中国国际航空	Zhōngguó Guójì Hángkōng	CA
싱가폴항공	新加坡航空	Xīnjiāpō Hángkōng	SQ
타이항공	泰国国际航空	Tàiguó Guójì Hángkōng	TG
루프트한자항공	汉莎航空	Hànshā Hángkōng	LH
심천항공	深圳航空	Shēnzhèn Hángkōng	ZH

원월드 寰宇一家 Huányǔ Yìjiā			
캐세이퍼시픽항공	国泰航空	Guótài Hángkōng	CX
카타르항공	卡塔尔航空	Kǎtǎ'ěr Hángkōng	QR
일본항공	日本航空	Rìběn Hángkōng	JL
콴타스항공	澳洲航空	Àozhōu Hángkōng	QF
말레이시아항공	马来西亚航空	Mǎláixīyà Hángkōng	MH
아메리칸항공	美国航空	Měiguó Hángkōng	AA

저비용 항공사 廉价航空公司 liánjià hángkōng gōngsī			
진에어	真航空	Zhēn Hángkōng	LJ
제주항공	济州航空	Jìzhōu Hángkōng	7C
에어부산	釜山航空	Fǔshān Hángkōng	BX
티웨이항공	德威航空	Déwēi Hángkōng	TW
이스타항공	易斯达航空	Yìsīdá Hángkōng	ZE

수하물 위탁

托运手续

02

▶ **학습 목표**

위탁 수하물 금지 물품을 안내할 수 있습니다.
수하물의 초과 무게와 요금을 안내할 수 있습니다.

서비스 미리보기

승객의 수하물은 크게 위탁 수하물과 기내 반입 수하물로 구분되며, 각 항공사마다 수하물 규정이 다릅니다. 만약 위탁 수하물의 무게나 개수가 항공사의 기준을 초과할 경우에는 추가 비용을 지불해야 합니다.

기내 반입 수하물도 무게와 개수 제한이 있으며, 액체 및 젤류는 인천국제공항 출발 항공편의 경우 개당 100㎖ 이하의 용기에 1L 투명 지퍼백 1개까지만 기내로 반입이 가능합니다.

〈위탁 수하물 금지 물품 안내〉 🎙 Track 1-2-1

地面人员　您有托运行李吗?
Nín yǒu tuōyùn xíngli ma?

乘　　客　有一件。
Yǒu yí jiàn.

地面人员　托运行李里有没有装有锂电池的电子设备?
Tuōyùn xíngli li yǒu méiyǒu zhuāng yǒu lǐdiànchí de diànzǐ shèbèi?

乘　　客　有一个充电宝。
Yǒu yí ge chōngdiànbǎo.

地面人员　按照公司规定锂电池必须作为手提行李❶带上飞机。
Ànzhào gōngsī guīdìng lǐdiànchí bìxū zuòwéi shǒutí xíngli dàishang fēijī.

麻烦您把充电宝拿出来，好吗?
Máfan nín bǎ chōngdiànbǎo ná chūlai, hǎo ma?

乘　　客　好的，知道了。
Hǎode, zhīdao le.

地面人员　我帮您把❷托运行李手续办好了❸。
Wǒ bāng nín bǎ tuōyùn xíngli shǒuxù bànhǎo le.

这是您的行李牌。请您保管好。
Zhè shì nín de xínglipái. Qǐng nín bǎoguǎn hǎo.

❶ 手提行李와 동일한 의미의 단어로는 随身行李 suíshēn xíngli가 있고, 휴대 수하물의 종류에는 手提包(shǒutíbāo 핸드백), 背包(bèibāo 배낭) 등이 있습니다.

❷ 把는 '~를'의 의미로, 목적어를 앞으로 오게 하여 강조할 때 사용합니다.

❸ 동사 뒤에 쓰이면 결과보어로 동작이 완성되었음을 나타냅니다.
예) 修好了。Xiūhǎo le.
다 수리했습니다.
看好了。Kànhǎo le.
다 봤습니다.

🎙 Track 1-2-2

단어

件 jiàn 양 건, 개 | **锂电池** lǐdiànchí 명 리튬 배터리 | **电子设备** diànzǐ shèbèi 명 전자 설비 | **充电宝** chōngdiànbǎo 명 보조 배터리 | **规定** guīdìng 명 규정, 규칙 | **作为** zuòwéi 동 ~로 여기다, 간주하다 | **行李牌** xínglipái 명 수하물 표, 수하물 태그 | **保管** bǎoguǎn 동 보관하다

지상직원	부치실 짐이 있으신가요?
승 객	한 개 있습니다.
지상직원	부치실 짐 안에 리튬 배터리의 전자 제품이 있으신가요?
승 객	보조 배터리가 하나 있습니다.
지상직원	회사 규정에 따라 리튬 배터리는 휴대 수하물로 기내에 가지고 탑승하셔야 합니다. 번거로우시겠지만, 보조 배터리를 꺼내 주시기 바랍니다.
승 객	네, 알겠습니다.
지상직원	손님의 짐은 다 부쳐 드렸습니다. 여기 수하물 표입니다. 잘 보관하시기 바랍니다.

문장연습

🎙 Track 1-2-3

麻烦您把…拿出来。 번거로우시겠지만, ～을 꺼내 주시기 바랍니다.
Máfan nín bǎ … ná chūlai.

麻烦您把

笔记本
bǐjìběn
노트북

번거로우시겠지만, 노트북을 꺼내 주시기 바랍니다.

发胶
fàjiāo
헤어 젤

번거로우시겠지만, 헤어 젤을 꺼내 주시기 바랍니다.

打火机
dǎhuǒjī
라이터

번거로우시겠지만, 라이터를 꺼내 주시기 바랍니다.

拿出来。

〈위탁 수하물 초과 요금 안내〉 🎙 Track 1-2-4

地面人员　您好，王先生❶。您托运的行李超重了。
　　　　　Nín hǎo, Wáng xiānsheng. Nín tuōyùn de xíngli chāozhòng le.

　　　　　托运行李重量不能超过20公斤。
　　　　　Tuōyùn xíngli zhòngliàng bù néng chāoguò èrshí gōngjīn.

乘　　客　超了多少❷呢?
　　　　　Chāo le duōshao ne?

地面人员　超了5公斤。您需要支付超重费用。
　　　　　Chāo le wǔ gōngjīn. Nín xūyào zhīfù chāozhòng fèiyòng.

乘　　客　好的，是❸多少钱呢?
　　　　　Hǎode, shì duōshao qián ne?

地面人员　一公斤100块人民币。一共是500块人民币。
　　　　　Yì gōngjīn yìbǎi kuài rénmínbì. Yígòng shì wǔbǎi kuài rénmínbì.

乘　　客　我付现金。可以吗?
　　　　　Wǒ fù xiànjīn. Kěyǐ ma?

地面人员　可以。这是您的收据。请您收好。
　　　　　Kěyǐ. Zhè shì nín de shōujù. Qǐng nín shōuhǎo.

❶ 한국인 승객은 남녀 구별 없이 손님이라고 부르지만, 중국인 손님을 부를 때에는, 성인 남성 승객에게는 先生 xiānsheng을, 성인 여성 승객에게는 女士 nǔshì라는 표현을 사용합니다.

❷ 多少의 少는 품사에 따라 발음이 다릅니다. 부사로 쓰일 때는 duōshǎo로 발음하며, '좀', '약간'을 뜻합니다. 대명사로 쓰일 때는 duōshao로 발음하며, '얼마', '몇'을 뜻합니다.

❸ 앞 문장에 나온 주어의 중복 사용을 피하기 위해 주어를 생략하고 바로 동사가 오는 경우가 있습니다. 이 문장에서 주어는 超重费用이겠죠?

🎙 Track 1-2-5

단어

超重 chāozhòng 동 (기준 적재량을) 초과하다 | 重量 zhòngliàng 명 중량, 무게 | 超 chāo 동 초과하다, 벗어나다 | 公斤 gōngjīn 양 킬로그램(kg) | 支付 zhīfù 동 지불하다, 내다 | 费用 fèiyòng 명 비용 | 收据 shōujù 명 영수증

지상직원 안녕하세요, 왕 선생님. 수하물의 무게가 기준 적재량을 초과하였습니다.

수하물의 중량은 20kg을 넘을 수 없습니다.

승　객 얼마나 초과했나요?

지상직원 5kg 초과하였습니다. 초과 요금을 지불하셔야 합니다.

승　객 네, 알겠습니다. 얼마인가요?

지상직원 1kg당 인민폐로 100위안이며, 모두 인민폐로 500위안입니다.

승　객 현금으로 지불해도 될까요?

지상직원 가능합니다. 여기 영수증입니다. 잘 받아 주십시오.

문장연습

请您 + 동사 + 好。 잘 ~(동사) 주십시오.
Qǐng nín + 동사 + hǎo.

	抓 zhuā 잡다	잘 잡아 주십시오.
请您	拿 ná 받다	好。	잘 받아 주십시오.
	系 jì 매다	잘 매 주십시오.

수하물 표와 탑승권의 비밀

승객의 수하물 표와 탑승권에서 비행의 가장 기본적인 내용을 배울 수 있습니다. 수하물 표에는 항공편명, 출발지 및 목적지가 표기되어 있으며, 해당 항공편을 이용하는 승객 및 환승하는 승객의 수하물의 최종 목적지를 확인할 수 있습니다. 또한 탑승권에는 승객의 성명, 항공편명, 출발지, 목적지, 좌석 번호, 클래스, 탑승구, 날짜 등이 표기되어 있어서, 공항에서 게이트를 찾지 못하는 승객, 기내에서 좌석을 찾지 못하는 승객, 탑승 시간을 헷갈리는 승객 등에게 탑승권에 적힌 정보를 확인하고 도와 드릴 수 있습니다.

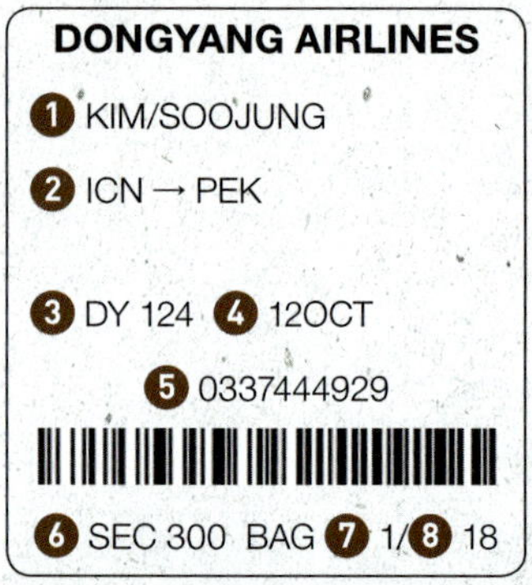

DONGYANG AIRLINES

❶ KIM/SOOJUNG

❷ ICN → PEK

❸ DY 124 ❹ 12OCT

❺ 0337444929

❻ SEC 300 BAG ❼ 1/ ❽ 18

❶ 姓名 xìngmíng 성명
❷ 出发地 chūfādì 출발지, 目的地 mùdìdì 목적지
❸ 航班号 hángbānhào 항공편명
❹ 日期 rìqī 날짜
❺ 航空公司代号 + 托运行李顺序号
  hángkōng gōngsī dàihào + tuōyùn xíngli shùnxùhào
  항공사 번호 + 수하물 번호
❻ 办行李序号 bàn xíngli xùhào 수하물 수속 순서(SEC:Sequence)
❼ 行李件数 xíngli jiànshù 가방 개수
❽ 行李重量 xíngli zhòngliàng 가방 무게

DONGYANG AIRLINES · ECONOMY CLASS · BOARDING PASS

❶ Name KIM/SOOJUNG
❷ Flight/ DY124 ❸ Date/ 12OCT ❹ Class Y
❺ From ICN
❻ To PEK
❼ 134
❽ Gate 10
❾ Boarding Time 0855
❿ Seat No. 27A
⓫ ZONE 1
⓬ ETKT3371237895482/1

NAME KIM/SOOJUNG
FROM SEOUL
TO BEIJING
DATE 12OCT Y
Seat No. 27A FLIGHT DY124
⓭ TOTAL 6844
ETKT 3371237895482/1

⓮ GATES CLOSED 10 MINUTES BEFORE DEPARTURE TIME

❶ 姓名 xìngmíng 성명
❷ 航班号 hángbānhào 항공편명
❸ 日期 rìqī 날짜
❹ 舱位 cāngwèi 클래스
❺ 出发地 chūfādì 출발지
❻ 目的地 mùdìdì 목적지
❼ 序号 xùhào 수속 번호
❽ 登机口 dēngjīkǒu 탑승구
❾ 登机时间 dēngjī shíjiān 탑승 시간
❿ 座位号 zuòwèihào 좌석 번호
⓫ 座位区域 zuòwèi qūyù 좌석 구역
⓬ 票号 piàohào 티켓 번호
⓭ 累计积分 lěijì jīfèn 마일리지 누계 적립
⓮ 登机口于起飞前十分钟关闭
  dēngjīkǒu yú qǐfēi qián shí fēnzhōng guānbì
  출발 10분 전에 탑승이 마감됩니다

연습문제

1. 다음 단어를 올바른 순서로 배열하고 병음을 쓰세요.

① 어떤 항공사의 항공편을 이용하세요?

您	航空公司	坐	的	航班	哪个

문장 → ______________________________

병음 → ______________________________

② 부치실 짐이 있으신가요?

您	托运	吗	有	行李

문장 → ______________________________

병음 → ______________________________

2. 다음 주어진 단어를 활용하여 대화를 연습해 보세요.

地面人员　您好，您坐哪个航空公司的航班？
　　　　　Nín hǎo, nín zuò nǎge hángkōng gōngsī de hángbān?

乘　客　我坐瞳养航空的983航班。
　　　　Wǒ zuò Tóngyǎng Hángkōng de jiǔ bā sān hángbān.

东方航空
Dōngfāng Hángkōng
동방항공

国泰航空
Guótài Hángkōng
캐세이퍼시픽항공

深圳航空
Shēnzhèn Hángkōng
심천항공

3. 본문 내용을 활용하여 다음 승객의 말에 알맞게 대답해 보세요.

승　객　我想要靠窗的座位。

승무원　______________________________

황당한 첫 비행의 추억

약 3개월간의 트레이닝을 마친 후 첫 비행이었습니다. 오늘의 서비스는 어떻게 진행할지 사무장님께 여쭤 보았습니다.

乘务员　"乘务长，我们今天怎么服务？"
　　　　Chéngwùzhǎng, wǒmen jīntiān zěnme fúwù?
　　　　"사무장님, 오늘 서비스 어떻게 할까요?"

乘务长　"滚！"
　　　　Gǔn!
　　　　"꺼지세요!"

乘务员　"啊？滚？乘务长，我错了什么？"
　　　　Ā? Gǔn? Chéngwùzhǎng, wǒ cuò le shénme?
　　　　"네? 꺼지라고요? 사무장님, 제가 무엇을 잘못했나요?"

滚 gǔn이라는 한자는 본래 중국어로 '꺼지다', '구르다' 등의 뜻을 가지고 있어서, 사무장님의 말씀을 듣고 저는 어안이 벙벙했습니다. 그때 옆에 있던 중국인 승무원이 그런 저를 보고 활짝 웃으며 사무장님이 말한 滚 gǔn은 餐食服务和饮料服务一起提供 cānshí fúwù hé yǐnliào fúwù yìqǐ tígōng을 의미하는 것으로, 식사 서비스와 음료 서비스를 함께 진행하는 것이라고 알려 주었습니다. 식사 서비스 후 음료를 서비스하는 일반적인 서비스 순서와는 달리 단거리 노선이나 비행시간이 짧을 경우에 사용하는 서비스 방법으로, 중국인 승무원들이 사용하는 은어였습니다. 중국인 승무원들만 아는 재미있는 항공 은어를 배울 수 있었던 황당하지만 즐거운 첫 비행이었습니다.

2

탑승
登机

01

탑승
登机

▶ **학습 목표**

탑승 환영 인사를 할 수 있습니다.
좌석을 안내할 수 있습니다.
탑승 시 통로를 확보하여 원활한 탑승을 도울 수 있습니다.

서비스 미리보기

비행기 탑승은 출발 시간 30~40분 전에 시작하며 비행기의 도어를 닫기 10분 전에 탑승을 마감합니다. 승무원은 지상에서의 탑승 준비를 마치고 담당 구역에서 승객을 맞이합니다. UM 승객, 휠체어 승객 등 도움이 필요한 승객과 퍼스트 및 비즈니스 클래스 승객이 먼저 탑승을 하게 되며, 원활한 탑승을 위해 비행기 뒤쪽 좌석의 승객부터 탑승합니다. 밝은 미소와 다양한 인사말로 승객을 맞이하며 좌석을 안내합니다.

〈환영 인사〉 🎙 Track 2-1-1

乘务员　您好，欢迎您乘坐瞳养航空。
Nín hǎo, huānyíng nín chéngzuò Tóngyǎng Hángkōng.

乘　客　你好。
Nǐ hǎo.

乘务员　麻烦您出示一下[1]您的登机牌，谢谢。
Máfan nín chūshì yíxià nín de dēngjīpái, xièxie.

乘　客　好的，这是我的登机牌。
Hǎode, zhè shì wǒ de dēngjīpái.

乘务员　您的座位号位于行李架下方，请您对号入座。
Nín de zuòwèi hào wèiyú xínglijià xiàfāng, qǐng nín duìhào rùzuò.

乘　客　好的，谢谢。
Hǎode, xièxie.

[1] 주로 신분을 증명하기 위해 여권, 신분증, 탑승권 등을 제시할 때 사용합니다. 뒤에 오는 명사 앞에 **您**을 더하여, 정중하게 표현합니다.

🎙 Track 2-1-2

단어

欢迎 huānyíng 图 환영하다, 기쁘게 맞이하다 ｜ 出示 chūshì 图 내보이다, 제시하다 ｜ 一下 yíxià 窗 좀 ～하다 ｜ 登机牌 dēngjīpái 图 탑승권 ｜ 位于 wèiyú 图 ～에 위치하다 ｜ 行李架 xínglijià 图 선반, 오버헤드빈 ｜ 对 duì 图 대조하다, 맞춰 보다 ｜ 入座 rùzuò 图 자리에 앉다

승무원	안녕하십니까, 동양항공 탑승을 환영합니다.
승 객	안녕하세요.
승무원	실례합니다만, 탑승권 좀 제시하여 주십시오. 감사합니다.
승 객	네, 여기 탑승권입니다.
승무원	손님의 좌석 번호는 선반 아래에 표시되어 있습니다. 번호에 맞게 앉아 주시기 바랍니다.
승 객	네, 감사합니다.

문장연습

麻烦您出示一下…。 실례합니다만, ~을 제시하여 주십시오.
Máfan nín chūshì yíxià ….

麻烦您出示一下

您的护照
nín de hùzhào
당신의 여권

실례합니다만, 여권을 제시하여 주십시오.

您的身份证
nín de shēnfènzhèng
당신의 신분증

실례합니다만, 신분증을 제시하여 주십시오.

您的机票
nín de jīpiào
당신의 항공권

실례합니다만, 항공권을 제시하여 주십시오.

〈좌석 안내〉 Track 2-1-4

乘 客　你好，我的座位在哪里?
Nǐ hǎo, wǒ de zuòwèi zài nǎli?

乘务员　您好，我帮您看一下。
Nín hǎo, wǒ bāng nín kàn yíxià.

您的座位是35H。请您往里走进右过道[1]。
Nín de zuòwèi shì sānshíwǔ H. Qǐng nín wǎng lǐ zǒu jìn yòu guòdào.

乘 客　好的，我的座位是靠窗的吗?
Hǎode, wǒ de zuòwèi shì kào chuāng de ma?

乘务员　不是，您的座位是靠过道的。
Bú shì, nín de zuòwèi shì kào guòdào de.

乘 客　好的，谢谢。
Hǎode, xièxie.

[1] 항공기는 기종에 따라 통로가 한 개 혹은 두 개로 나뉩니다. 통로가 두 개로 나뉜 기종의 경우 정확한 안내가 필요합니다.
- 통로가 한 개인 비행기
  单过道飞机 dān guòdào fēijī
  宽体客机 kuān tǐ kèjī
- 통로가 두 개인 비행기
  双过道飞机 shuāng guòdào fēijī
  窄体式客机 zhǎi tǐshì kèjī

Track 2-1-5

단어

往 wǎng 깨 ~쪽으로, ~를 향해 │ 走 zǒu 통 걷다 │ 右 yòu 명 오른쪽 │ 过道 guòdào 명 복도, 통로

승 객	안녕하세요, 제 좌석은 어디죠?
승무원	안녕하세요, 제가 좀 봐 드리겠습니다.
	손님 좌석은 35H입니다. 안쪽으로 들어가셔서 오른쪽 통로로 들어가세요.
승 객	네, 알겠습니다. 제 좌석은 창가 쪽 좌석인가요?
승무원	아닙니다. 손님 좌석은 통로 쪽 좌석입니다.
승 객	네, 감사합니다.

문장연습

Track 2-1-6

···在哪里?
··· zài nǎli?
~은 어디에 있습니까?

卫生间
Wèishēngjiān
화장실

화장실은 어디에 있습니까?

免税品书
Miǎnshuìpǐn shū
면세품 책자

在哪里?　　면세품 책자는 어디에 있습니까?

调整座椅靠背的按钮
Tiáozhěng zuòyǐ kàobèi de ànniú
의자 등받이 조절 버튼

의자 등받이 조절 버튼은
어디에 있습니까?

〈통로 확보〉 🎤 Track 2-1-7

乘务员 您好，欢迎乘机。
Nín hǎo, huānyíng chéngjī.

乘　客 这架飞机是前往上海的航班，对吧?
Zhè jià fēijī shì qiánwǎng Shànghǎi de hángbān, duì ba?

乘务员 是的，您的座位在21B。
Shì de, nín de zuòwèi zài èrshíyī B.

乘　客 好的。
Hǎode.

乘务员 麻烦您稍微侧一下身，以方便后边的旅客登机。谢谢。
Máfan nín shāowēi cè yíxià shēn, yǐ fāngbiàn hòubian de lǚkè dēngjī. Xièxie.

乘　客 不好意思。
Bù hǎoyìsi.

🎤 Track 2-1-8

단어

架 jià 양 대 | 前往 qiánwǎng 동 앞으로 가다, 향하여 가다 | 上海 Shànghǎi 지명 상하이 | 稍微 shāowēi 부 조금, 약간, 다소 | 侧 cè 동 기울다, 치우치다 | 以 yǐ 접 ~하기 위하여 | 方便 fāngbiàn 동 편리하게 하다 | 不好意思 bù hǎoyìsi 죄송합니다, 미안합니다

승무원	안녕하십니까. 탑승을 환영합니다.
승 객	이 비행기는 상하이로 가는 항공편 맞죠?
승무원	네, 맞습니다. 손님 좌석은 21B입니다.
승 객	네, 알겠습니다.
승무원	번거로우시겠지만, 뒤에 계신 승객의 탑승을 위해 조금만 비켜 주십시오. 감사합니다.
승 객	네, 죄송합니다.

문장연습

前往 + 도시 + 的航班。 ～(도시)로 가는 항공편입니다.
Qiánwǎng + 도시 + de hángbān.

	洛杉矶 Luòshānjī 로스앤젤레스		로스앤젤레스로 가는 항공편입니다.
前往	**首尔** Shǒu'ěr 서울	**的航班。**	서울로 가는 항공편입니다.
	成都 Chéngdū 청두		청두로 가는 항공편입니다.

기내에서 사용하는 인사말

인사는 가장 기본적인 예절이며, 기내에서는 인사를 통해 승객에게 친밀감을 드러냅니다. '어서 오세요.'라는 뜻의 欢迎光临 Huānyíng guānglín은 한국인에게 가장 친근한 중국어라고 해도 과언이 아닙니다. 하지만 이 표현은 기내보다는, 주로 레스토랑, 백화점, 편의점 등의 서비스업종에서 사용합니다. 기내에서 자주 쓰는 '안녕하십니까', '환영합니다', '안쪽으로 모시겠습니다' 등의 인사말을 중국어로 어떻게 하는지 알아봅시다.

● **가장 자주 쓰는 탑승 환영 인사**

欢迎乘机。/ 欢迎登机。
Huānyíng chéngjī. / Huānyíng dēngjī.
탑승을 환영합니다.

里边请。
Lǐbian qǐng.
안쪽으로 모시겠습니다.

● **시간대별 인사**

早上好！/ 上午好！
Zǎoshang hǎo! / Shàngwǔ hǎo!
안녕하세요! (아침 인사)

中午好！
Zhōngwǔ hǎo!
안녕하세요! (점심 인사)

下午好！
Xiàwǔ hǎo!
안녕하세요! (오후 인사)

晚上好！
Wǎnshang hǎo!
안녕하세요! (저녁 인사)

Tip 승무원을 부르는 다양한 호칭

승무원이 승객을 부를 때는 先生 xiānsheng이나 女士 nǚshì를 사용합니다. 그럼 반대로 승무원을 부르는 호칭에는 어떤 것들이 있을까요? 일반적으로 승무원을 뜻하는 乘务员 chéngwùyuán 외에도 美女 měinǚ, 服务员 fúwùyuán이 있습니다. 어린이 승객의 경우 여성을 높여 부르는 호칭인 阿姨 āyí를 사용하여 승무원에 대한 예의를 표합니다. 어린이 승객이 '아주머니', '이모'의 뜻을 가진 阿姨라고 불러도 놀라지 마세요!

02

좌석 변경

调换座位

▶ **학습 목표**

좌석이 일행과 떨어져 배정된 승객을 도울 수 있습니다.
좌석이 중복 배정된 승객을 도울 수 있습니다.

서비스 미리보기

승객의 좌석이 일행과 떨어져서 배정되었거나, 좌석 변경을 원하는 경우 승무원은 좌석 조정을 도와 드립니다. 또한 좌석이 중복 배정되었을 경우에는 지상 직원과 확인 후 새로 배정해 드립니다.

〈좌석이 일행과 떨어져 배정된 경우 1〉 🎤 Track 2-2-1

乘　客　**你好，我能不能❶换一下座位？**
Nǐ hǎo, wǒ néng bu néng huàn yíxià zuòwèi?

乘务员　**您好，您怎么了？**
Nín hǎo, nín zěnme le?

乘　客　**因为我和我儿子的座位不在一起，我想跟他坐在一起。**
Yīnwèi wǒ hé wǒ érzi de zuòwèi bú zài yìqǐ, wǒ xiǎng gēn tā zuò zài yìqǐ.

乘务员　**好的，我明白了。**
Hǎode, wǒ míngbai le.

我帮您看一下有没有空座位。
Wǒ bāng nín kàn yíxià yǒu méiyǒu kōng zuòwèi.

请您稍微等一下。
Qǐng nín shāowēi děng yíxià.

〈잠시 후〉

乘务员　**您好，您久等了。**
Nín hǎo, nín jiǔ děng le.

在客舱前边有空座位。请跟我来。
Zài kècāng qiánbian yǒu kōng zuòwèi. Qǐng gēn wǒ lái.

乘　客　**好的，非常感谢。**
Hǎode, fēicháng gǎnxiè.

❶ 긍정형과 부정형을 반복해 만든 정반 의문문으로, '~해도 됩니까?'라는 의미입니다.

🎤 Track 2-2-2

단어

能 néng [조동] ~할 수 있다, ~해도 된다 | 换 huàn [동] 바꾸다, 교환하다 | 怎么了 zěnme le 무슨 일이야? | 因为 yīnwèi [접] 왜냐하면 | 一起 yìqǐ [부] 같이, 함께 | 明白 míngbai [동] 알다, 이해하다 | 空 kōng [형] 비다 | 稍微 shāowēi [부] 조금, 약간, 다소 | 久 jiǔ [형] 오래다, 시간이 길다 | 客舱 kècāng [명] 객실, 선실 | 前边 qiánbian [명] 앞 | 感谢 gǎnxiè [동] 감사하다, 고맙다

승 객	안녕하세요. 좌석을 좀 바꿀 수 있을까요?
승무원	안녕하세요. 무슨 일 있으신가요?
승 객	저와 제 아들의 좌석이 떨어졌습니다. 저는 제 아들과 같이 앉고 싶습니다.
승무원	네, 알겠습니다.
	제가 혹시 빈 좌석이 있는지 확인해 보겠습니다.
	잠시만 기다려 주십시오.
	〈잠시 후〉
승무원	손님, 오래 기다리셨습니다.
	객실 앞쪽에 빈 좌석이 있습니다. 저를 따라 오십시오.
승 객	네, 정말 감사합니다.

문장연습

Track 2-2-3

能不能…?
Néng bu néng …? ~해도 됩니까?, ~해 주시겠습니까?

能不能	帮我一下 bāng wǒ yíxià 저 좀 도와주다		저 좀 도와주시겠어요?
	告诉我登机口在哪儿 gàosu wǒ dēngjīkǒu zài nǎr 탑승구가 어디인지 알려 주다	**?**	탑승구가 어디인지 알려 주시겠어요?
	便宜一点儿 piányi yìdiǎnr 조금 싸게 해 주다		조금 싸게 해 주시겠어요?

〈좌석이 일행과 떨어져 배정된 경우 2〉 🎙 Track 2-2-4

乘客1　你好，我的老婆坐在38C，我们俩❶座位不在一起。
Nǐ hǎo, wǒ de lǎopo zuò zài sānshíbā C, wǒmen liǎ zuòwèi bú zài yìqǐ.

能帮我调一下座位吗?
Néng bāng wǒ tiáo yíxià zuòwèi ma?

乘务员　您好，好的。
Nín hǎo, hǎode.

我去跟38B客人商量一下。
Wǒ qù gēn sānshíbā B kèrén shāngliang yíxià.

〈38B 승객에게〉

乘务员　您好，有一对❷夫妻，但他们没坐在一起。
Nín hǎo, yǒu yí duì fūqī, dàn tāmen méi zuò zài yìqǐ.

您愿意换座位吗?
Nín yuànyì huàn zuòwèi ma?

乘客2　没问题，我愿意。
Méi wèntí, wǒ yuànyì.

乘务员　谢谢。
Xièxie.

❶ 수사로서 '두 명', '두 사람'을 뜻합니다. 俩 뒤에는 양사 个를 수반하지 않습니다.

❷ 양사로서 '쌍', '짝'을 뜻합니다.
예) 一对耳环
yí duì ěrhuán
한 쌍의 귀걸이
一对情侣
yí duì qínglǚ
한 쌍의 연인

🎙 Track 2-2-5

단어

老婆 lǎopo 몡 아내, 부인 | 俩 liǎ 仝 두 사람, 두 개 | 调 tiáo 동 조정하다, 조절하다 | 商量 shāngliang 동 상의하다, 의논하다 | 对 duì 양 짝, 쌍 | 夫妻 fūqī 몡 부부 | 但 dàn 접 그러나, 그렇지만 | 愿意 yuànyì 조동 ~하기를 바라다 | 没问题 méi wèntí 문제 없다

승 객 1 안녕하세요, 제 아내의 좌석이 38C인데요, 저희 두 사람 좌석이 떨어져 있습니다. 혹시 좌석을 바꿔 주실 수 있으신가요?

승무원 안녕하세요. 네, 알겠습니다. 제가 38B 손님과 이야기를 나누어 보겠습니다.

〈38B 승객에게〉

승무원 안녕하세요, 한 부부가 좌석이 떨어져서 배정이 되었습니다.
팬찮으시다면 자리를 바꿔 주실 수 있으신가요?

승 객 2 네, 문제 없습니다. 바꿔 드리겠습니다.

승무원 감사합니다.

문장연습

我去跟 + 대상 + 商量一下。 제가 ~(대상)과 이야기를 나누어 보겠습니다.
Wǒ qù gēn + 대상 + shāngliang yíxià.

我去跟	机长 jīzhǎng 기장	商量一下。	제가 기장님과 이야기를 나누어 보겠습니다.
	机务 jīwù 정비사		제가 정비사와 이야기를 나누어 보겠습니다.
	地面人员 dìmiàn rényuán 지상직원		제가 지상직원과 이야기를 나누어 보겠습니다.

〈좌석이 중복으로 배정된 경우〉 🎙 Track 2-2-7

乘 客　你好，我的座位上已经有人坐上了❶。
Nǐ hǎo, wǒ de zuòwèi shang yǐjing yǒurén zuòshàng le.

乘务员　您好，很抱歉。我跟地面人员再确认一下。
Nín hǎo, hěn bàoqiàn. Wǒ gēn dìmiàn rényuán zài quèrèn yíxià.

旁边没有人坐，您先在那个座位上稍微等一下，好吗?
Pángbiān méiyǒu rén zuò, nín xiān zài nàge zuòwèi shang shāowēi děng yíxià, hǎo ma?

〈지상직원과 확인한 후〉

乘务员　您好，您久等了❷。我们给您重新安排了座位。
Nín hǎo, nín jiǔ děng le. Wǒmen gěi nín chóngxīn ānpái le zuòwèi.

您的座位是54H，请跟我走。
Nín de zuòwèi shì wǔshísì H, qǐng gēn wǒ zǒu.

乘 客　好的，谢谢。
Hǎode, xièxie.

乘务员　这是您的座位。给您带来的不便我们深表歉意。
Zhè shì nín de zuòwèi. Gěi nín dàilái de búbiàn wǒmen shēnbiǎo qiànyì.

您有什么需要请跟我们客舱乘务员联系，谢谢。
Nín yǒu shénme xūyào qǐng gēn wǒmen kècāng chéngwùyuán liánxì, xièxie.

❶ 已经은 시간 부사로서 '벌써', '이미'의 의미를 가집니다. 최근 발생된 동작이나 상황의 변화를 나타내며, 문장 끝에는 조사 了가 옵니다.

❷ '오래 기다리셨습니다'라는 뜻으로, 미안한 마음이 내포되어 있습니다. 让을 써서 让您久等了로도 쓸 수 있습니다. 等久了는 틀린 문장이니 주의해야 합니다.

🎙 Track 2-2-8

단어

上 shàng 동사 뒤에 쓰여 동작·행위가 시작하여 동시에 지속됨을 나타냄 | 抱歉 bàoqiàn 통 미안해하다, 죄송합니다 | 确认 quèrèn 통 (사실이나 원칙 등을) 확인하다 | 旁边 pángbiān 명 옆, 곁 | 重新 chóngxīn 뷔 재차, 다시 | 安排 ānpái 통 안배하다, 일을 처리하다 | 带来 dàilái 통 야기하다, 초래하다 | 深表歉意 shēnbiǎo qiànyì 깊이 미안한 마음을 나타내다 | 联系 liánxì 통 연락하다

승 객	안녕하세요. 제 좌석에 이미 어떤 사람이 앉아 있습니다.
승무원	안녕하십니까, 정말 죄송합니다. 제가 지상직원과 다시 한번 확인해 보겠습니다.

옆 좌석에 승객이 없으니, 먼저 그 좌석에서 잠시만 기다려 주시겠습니까?

〈지상직원과 확인한 후〉

승무원	손님, 오래 기다리셨습니다. 손님 좌석을 새로 배정해 드렸습니다.

손님 좌석은 54H입니다. 저를 따라오십시오.

승 객	네, 알겠습니다. 감사합니다.
승무원	손님 좌석은 여기입니다. 불편을 끼쳐 드려 진심으로 죄송합니다.

필요한 사항이 있으시면 언제든지 저희 승무원을 불러 주시기 바랍니다.

감사합니다.

Track 2-2-9

我跟 + 대상 + 再 + 동사 + 一下。 제가 ~(대상)과 다시 ~(동사)해 보겠습니다.
Wǒ gēn + 대상 + zài + 동사 + yíxià.

我跟	其他乘务员 qítā chéngwùyuán 다른 승무원	再	问 wèn 묻다	一下。	제가 다른 승무원에게 다시 물어보겠습니다.
	乘务长 chéngwùzhǎng 사무장		商量 shāngliang 상의하다		제가 사무장님과 다시 상의해 보겠습니다.
	地面人员 dìmiàn rényuán 지상직원		安排 ānpái 배정하다		제가 지상직원과 다시 배정해 드리겠습니다.

기내에서 자주 쓰이는 양사

사람이나 사물, 동작의 횟수를 세는 것을 양사(量词 liàngcí)라고 합니다. 중국어의 양사의 종류는 매우 다양하며 일상생활에서 자주 사용합니다. 양사의 기본 형태는 '수사 + 양사 + 명사'와 '지시대명사 + (수사) + 양사 + 명사'입니다. 그럼 기내에서 가장 많이 사용하는 양사에 대해 알아봅시다.

个 ge	개 (거의 모든 사물에 두루 사용)	我要两个靠枕和一个毛毯。 Wǒ yào liǎng ge kàozhěn hé yí ge máotǎn. 저는 베개 한 개와 담요 한 개 주세요.
位 wèi	분, 명 (사람에 대한 존칭)	今天头等舱有18位客人。 Jīntiān tóuděngcāng yǒu shíbā wèi kèrén. 오늘 퍼스트 클래스 손님은 18분입니다. 哪位在候机楼丢了手机? Nǎ wèi zài hòujīlóu diū le shǒujī? 어느 분이 여객 터미널에서 휴대전화를 잃어버리셨나요?
件 jiàn	건, 개, 벌 (사건, 사물, 옷을 세는 단위)	我有三件行李。 Wǒ yǒu sān jiàn xíngli. 나는 짐이 세 개 있습니다. 那件外套是李老师的。 Nà jiàn wàitào shì Lǐ lǎoshī de. 저 겉옷은 이 선생님의 것입니다.
顿 dùn	번, 차례, 끼 (식사를 세는 단위)	我们为您准备了两顿正餐。 Wǒmen wèi nín zhǔnbèi le liǎng dùn zhèngcān. 손님을 위해 두 번의 정찬을 준비했습니다.
杯 bēi	잔, 컵	我要三杯水和一杯咖啡。 Wǒ yào sān bēi shuǐ hé yì bēi kāfēi. 저는 물 세 잔과 커피 한 잔 주세요.
瓶 píng	병	我要买两瓶卡慕酒。 Wǒ yào mǎi liǎng píng kǎmùjiǔ. 저는 CAMUS 술 두 병을 사고 싶습니다.
份 fèn	권, 부, 세트, 개 (잡지나 신문, 배합하여 한 벌이 되는 것을 세는 단위)	乘务员，帮我拿一份报纸，好吗? Chéngwùyuán, bāng wǒ ná yí fèn bàozhǐ, hǎo ma? 승무원님, 신문 한 부만 가져다 주실 수 있나요? 你能不能给我一份素食? Nǐ néng bu néng gěi wǒ yí fèn sùshí? 제게 야채식 하나만 주실 수 있으신가요?

03

수하물 보관
协助安放行李

▶ **학습 목표**

휴대 수하물의 보관 장소를 안내할 수 있습니다.

서비스 미리보기

기내의 좌석 위 선반, 좌석 밑 공간, 캐비닛 등의 공간에 짐을 보관할 수 있습니다. 올바른 짐 정리는 안전한 비행을 위한 필수 조건이며, 선반 위의 공간이 부족할 경우, 다른 장소를 안내해 드리고 귀중품은 승객이 직접 보관할 수 있도록 합니다. 또한 술 등의 깨지기 쉬운 물건은, 선반 위에서 떨어질 경우 승객이 부상을 당할 수 있으므로 되도록 좌석 밑 공간에 보관하도록 안내합니다.

〈휴대 수하물 보관 안내〉 🎤 Track 2-3-1

乘 客 你好，我的行李放在哪里啊？
Nǐ hǎo, wǒ de xíngli fàng zài nǎli a?

乘务员 您好，您的手提行李可以放在您前面的座位下方或者
Nín hǎo, nín de shǒutí xíngli kěyǐ fàng zài nín qiánmian de zuòwèi xiàfāng huòzhě

行李架上方。
xínglijià shàngfāng.

乘 客 刚才❶我在免税店买的两瓶酒，
Gāngcái wǒ zài miǎnshuìdiàn mǎi de liǎng píng jiǔ,

这个可以放在行李架上吗？
zhège kěyǐ fàng zài xínglijià shang ma?

乘务员 酒瓶、❷玻璃杯等易碎品放在行李架上很危险，
Jiǔpíng、bōlibēi děng yìsuìpǐn fàng zài xínglijià shang hěn wēixiǎn,

建议放在座椅下方。
jiànyì fàng zài zuòyǐ xiàfāng.

乘 客 好吧。那❸这个包放上面，酒放下面吧。
Hǎo ba. Nà zhège bāo fàng shàngmian, jiǔ fàng xiàmian ba.

❶ 시간 명사로서 시간상 얼마 되지 않은 일을 가리키며, 주어의 앞뒤와 동사 앞에 사용됩니다. 긍정문과 부정문에서 모두 사용 가능합니다.

❷ 단어를 나열할 때는 ‘、(頓号)’를 씁니다.

❸ 주로 문장 맨 앞에서 ‘그럼’이라는 뜻으로 쓰입니다.
예) 那您好好休息吧。
　　Nà nín hǎohāo xiūxi ba.
　　그럼 편히 쉬시길 바랍니다.

🎤 Track 2-3-2

단 어

啊 a 조 문장 끝에 쓰여 의문을 나타냄 | 手提行李 shǒutí xíngli 명 휴대용 수하물 | 刚才 gāngcái 명 지금 막, 방금 | 免税店 miǎnshuìdiàn 명 면세점 | 买 mǎi 동 사다, 구매하다 | 瓶 píng 양명 병 | 酒 jiǔ 명 술 | 玻璃杯 bōlibēi 명 유리잔, 유리컵 | 易碎 yìsuì 깨지기 쉽다 | 危险 wēixiǎn 형 위험하다 | 建议 jiànyì 동 건의하다 | 那 nà 접 그러면, 그렇다면

승 객	안녕하세요, 제 짐은 어디에 놓죠?
승무원	안녕하십니까, 손님의 휴대 수하물은 손님 앞 좌석 밑이나 선반 위에 놓으시면 됩니다.
승 객	좀 전에 제가 면세점에서 산 술 두 병을 선반 위에 놓아도 되나요?
승무원	술병, 유리컵 등 깨지기 쉬운 물건을 선반 위에 놓는 것은 매우 위험합니다. 좌석 아래에 놓으시길 바랍니다.
승 객	네, 알겠습니다. 그럼 가방은 위에 올려놓고 술은 아래에 놓겠습니다.

我的…放在哪里啊? 　제 ~은 어디에 놓죠?
Wǒ de … fàng zài nǎli a?

我的

背包
bèibāo
배낭

行李箱
xínglixiāng
여행 가방

手提包
shǒutíbāo
핸드백

放在哪里啊?

제 배낭은 어디에 놓죠?

제 여행 가방은 어디에 놓죠?

제 핸드백은 어디에 놓죠?

〈통로에 짐을 놓는 승객〉 🎤 **Track 2-3-4**

乘务员　您好，这是您的行李吗?
Nín hǎo, zhè shì nín de xíngli ma?

乘　客　啊，是我的行李。
À, shì wǒ de xíngli.

乘务员　客舱过道不能放行李[1]。
Kècāng guòdào bù néng fàng xíngli.

乘　客　为什么? 我想放在这儿。
Wèishénme? Wǒ xiǎng fàng zài zhèr.

乘务员　在紧急情况时，您的行李会阻碍旅客撤离。
Zài jǐnjí qíngkuàng shí, nín de xíngli huì zǔ'ài lǚkè chèlí.

乘　客　好的，我知道了。
Hǎode, wǒ zhīdao le.

乘务员　谢谢您的理解[2]。我帮您把行李放上面。
Xièxie nín de lǐjiě. Wǒ bāng nín bǎ xíngli fàng shàngmian.

乘　客　谢谢。
Xièxie.

[1] 비상시 원활한 탈출을 위해, 객실 통로, 비상구 열, 기내 첫 번째 열의 좌석 아래에는 짐을 놓을 수 없으므로, 승무원의 정확한 안내가 필요합니다.

[2] '谢谢您的+동사' 형식으로 사용되며, '~해 주셔서 감사합니다'라는 감사 표현입니다.

🎤 **Track 2-3-5**

단어

放 fàng 통 놓아두다 | 这儿 zhèr 때 여기, 이곳 | 紧急 jǐnjí 형 긴급하다 | 情况 qíngkuàng 명 상황, 정황 | 阻碍 zǔ'ài 통 가로막다, 저지하다 | 撤离 chèlí 통 탈출하다, 철수하다 | 理解 lǐjiě 통 알다, 이해하다

승무원	안녕하세요. 이 짐은 손님 짐인가요?
승 객	아, 제 짐입니다.
승무원	객실 통로에는 짐을 놓으실 수 없습니다.
승 객	왜 그렇죠? 저는 여기에 놓고 싶습니다.
승무원	비상 상황 시 손님의 짐이 승객 탈출을 방해할 수 있습니다.
승 객	네, 알겠습니다.
승무원	이해해 주셔서 감사합니다. 짐은 제가 선반 위에 올려 드리겠습니다.
승 객	감사합니다.

문장연습

Track 2-3-6

谢谢您的＋동사。 ～(동사)해 주셔서 감사합니다.
Xièxie nín de ＋ 동사.

谢谢您的	提醒 tíxǐng 알려 주다	。	알려 주셔서 감사합니다.
	配合 pèihé 협조하다		협조해 주셔서 감사합니다.
	支持 zhīchí 지지하다		지지해 주셔서 감사합니다.

짐 정리의 달인(高手 gāoshǒu) 되기

중국인 승객들은 짐을 위탁 수하물로 보내는 경우보다 기내로 들고 탑승하는 경우가 더 많기 때문에 짐을 정리하고 공간을 확보하는 것도 승무원의 중요한 업무 중 하나입니다. 이럴 때 사용할 수 있는 여러 가지 중국어 표현에 대해서 알아봅시다.

请您不要叠着放，竖着放。
Qǐng nín bú yào diézhe fàng, shùzhe fàng.
짐은 겹쳐서 놓으실 수 없습니다. 세로로 세워서 놓아 주세요.

麻烦您把水杯拿出来放在座位口袋里。
Máfan nín bǎ shuǐbēi ná chūlai fàng zài zuòwèi kǒudài li.
물컵은 꺼내서 좌석 주머니 속에 넣어 주세요.

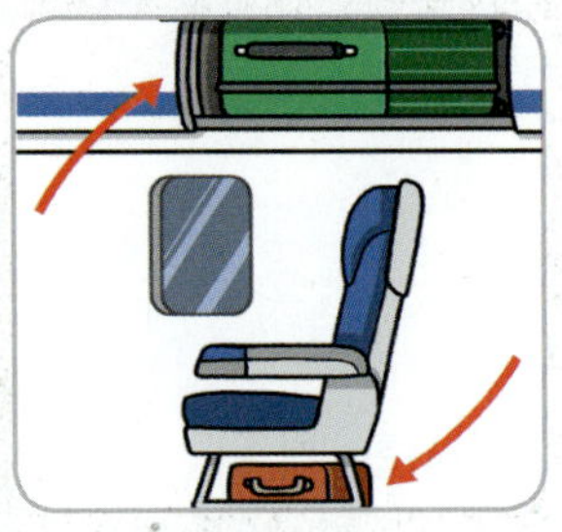

麻烦您把小件行李放在座位下面，
Máfan nín bǎ xiǎojiàn xíngli fàng zài zuòwèi xiàmian,
大件行李放在行李架上面。
dàjiàn xíngli fàng zài xínglijià shàngmian.
실례합니다만, 작은 짐은 좌석 아래에, 큰 짐은 선반 위에 놓아 주세요.

请把您的行李箱轮子往里放，
Qǐng bǎ nín de xínglixiāng lúnzi wǎng lǐ fàng,
手柄往外放。
shǒubǐng wǎng wài fàng.
손님의 여행 가방 바퀴가 안쪽으로, 손잡이가 바깥으로 나오도록 넣어 주세요.

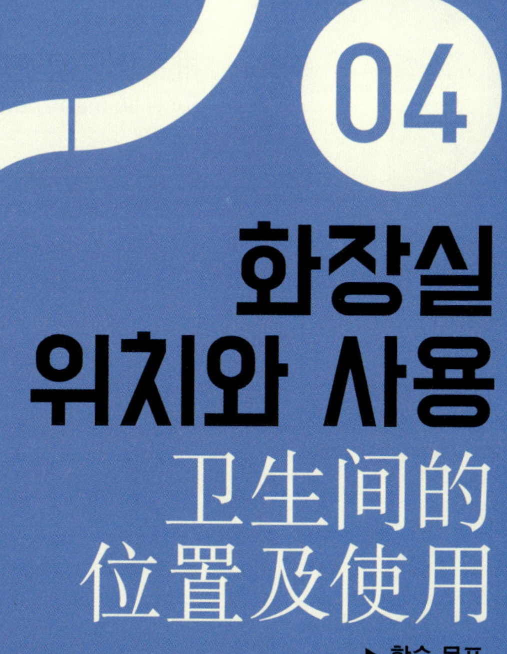

04

화장실 위치와 사용

卫生间的位置及使用

▶ **학습 목표**

화장실의 위치와 사용 방법을 안내할 수 있습니다
화장실 사용 중지 시 안내할 수 있습니다.

서비스 미리보기

비행기의 기종에 따라 화장실의 위치 및 사용 방법이 다릅니다. 승무원은 노인, 어린이 등 도움이 필요한 승객에게는 문을 여는 방법, 물 내림 버튼 등의 간단한 사용 방법 등을 적극적으로 알려 드립니다. 또한 화장실의 위생 상태를 지속적으로 체크하여 청결을 유지합니다.

〈화장실 위치 및 사용 안내〉 🎤 Track 2-4-1

乘 客 　请问，卫生间在哪里？
　　　　Qǐngwèn, wèishēngjiān zài nǎli?

乘务员 　卫生间在客舱的中间。
　　　　Wèishēngjiān zài kècāng de zhōngjiān.

乘 客 　卫生间里有人吗？
　　　　Wèishēngjiān li yǒurén ma?

乘务员 　现在没有人。您可以使用。
　　　　Xiànzài méiyǒu rén. Nín kěyǐ shǐyòng.

〈화장실 앞에서〉

乘 客 　这个门怎么❶打开？
　　　　Zhège mén zěnme dǎkāi?

乘务员 　推一下门正中间。开门时小心❷夹手。
　　　　Tuī yíxià mén zhèng zhōngjiān. Kāimén shí xiǎoxīn jiā shǒu.

乘 客 　好的，谢谢。
　　　　Hǎode, xièxie.

❶ '어떻게', '어째서', '왜'라는 뜻의 대명
사입니다. '怎么+동사'의 형태일 경우
'어떻게 ～하다'의 의미로 동사의 방식
을 묻습니다.

❷ '조심하세요'라는 뜻으로, 단독으로도
사용되며, 뒤에 동명사나 명사를 수반
하기도 합니다.

🎤 Track 2-4-2

단 어

卫生间 wèishēngjiān 몡 화장실 | 中间 zhōngjiān 몡 중간, 가운데 | 使用 shǐyòng 동 사용하다 | 推
tuī 동 밀다 | 小心 xiǎoxīn 동 조심하다, 주의하다 | 夹 jiā 동 끼다 | 手 shǒu 몡 손

승 객	실례합니다만, 화장실이 어디에 있죠?
승무원	화장실은 객실 중간에 있습니다.
승 객	화장실 안에 사람이 있나요?
승무원	지금은 사람이 없습니다. 사용 가능합니다.

〈화장실 앞에서〉

승 객	이 문은 어떻게 열죠?
승무원	문의 한 가운데를 미시면 됩니다. 문을 여실 때 손이 끼지 않도록 조심하십시오.
승 객	알겠습니다. 감사합니다.

문장연습

Track 2-4-3

这个…怎么 + 동사?
Zhège … zěnme + 동사?

이 ~는 어떻게 ~(동사)하나요?

这个	屏幕 píngmù 스크린	怎么	使用 shǐyòng 사용하다	?	이 스크린은 어떻게 사용하나요?
	门 mén 문		打开 dǎkāi 열다		이 문은 어떻게 여나요?
	靠背 kàobèi 등받이		调直 tiáozhí 세우다		이 등받이는 어떻게 세우나요?

〈화장실 사용 중지 안내〉 🎙 **Track 2-4-4**

乘 客　现在可以使用卫生间吗?
Xiànzài kěyǐ shǐyòng wèishēngjiān ma?

乘务员　不好意思。
Bù hǎoyìsi.

飞机正在颠簸，不能使用卫生间。
Fēijī zhèngzài diānbǒ, bù néng shǐyòng wèishēngjiān.

乘 客　好的。什么时候可以使用?
Hǎode. Shénme shíhou kěyǐ shǐyòng?

乘务员　安全带指示灯熄灭之后可以使用卫生间。
Ānquándài zhǐshìdēng xīmiè zhīhòu kěyǐ shǐyòng wèishēngjiān.

〈화장실을 사용 중인 승객에게〉

乘务员　现在使用卫生间的旅客，请您扶好把手。
Xiànzài shǐyòng wèishēngjiān de lǚkè, qǐng nín fúhǎo bǎshou.

🎙 **Track 2-4-5**

단어

安全带 ānquándài 명 안전벨트 ｜ **指示灯** zhǐshìdēng 명 지시등, 표시등 ｜ **熄灭** xīmiè 동 (등이나 불이)
꺼지다, 소멸하다 ｜ **之后** zhīhòu 명 ~후, ~뒤 ｜ **扶** fú 동 짚다, 지탱하다 ｜ **把手** bǎshou 명 손잡이, 핸들

승 객	지금 화장실을 사용해도 되나요?
승무원	죄송합니다.
	현재 우리 비행기가 흔들리고 있습니다. 화장실은 사용하실 수 없습니다.
승 객	알겠습니다. 언제 사용이 가능할까요?
승무원	안전벨트 표시등이 꺼진 후에 사용하실 수 있습니다.
	〈화장실을 사용 중인 승객에게〉
승무원	현재 화장실을 사용하시는 승객께서는 손잡이를 잡아 주시기 바랍니다.

不能使用 + 명사。 ~(명사)를 사용할 수 없습니다.
Bù néng shǐyòng + 명사.

	手机 shǒujī 휴대전화		휴대전화를 사용할 수 없습니다.
不能使用	充电宝 chōngdiànbǎo 보조 배터리	。	보조 배터리를 사용할 수 없습니다.
	洗手间 xǐshǒujiān 화장실		화장실을 사용할 수 없습니다.

하늘 위의 화장실

화장실을 뜻하는 중국어 단어는 여러 가지가 있습니다. 卫生间 wèishēngjiān, 厕所 cèsuǒ, 盥洗室 guànxǐshì, 洗手间 xǐshǒujiān 모두 화장실을 뜻합니다. 또한 기내 화장실 문에 표시되어 있는 초록색의 有人 yǒurén과 빨간 색의 无人 wúrén 표시는 각각 '사람 있음'과 '사람 없음'을 나타냅니다. 화장실 안에 손님이 없을 경우 没有人이 아닌 无人으로 표기한다는 것 잊지 마세요! 그럼 화장실과 관련된 다양한 중국어 표현들을 좀 더 자세히 알아봅시다.

❶ 马桶 mǎtǒng 양변기

❷ 冲水按钮 chōngshuǐ ànniǔ 물 내림 버튼

❸ 护手霜 hùshǒushuāng 핸드크림

❹ 洗手液 xǐshǒuyè 손 세정제

❺ 马桶垫纸 mǎtǒng diànzhǐ 변기 종이 커버

❻ 一次性牙刷 yícìxìng yáshuā 일회용 칫솔

❼ 卷纸 juǎnzhǐ 두루마리 휴지

❽ 洗手池 xǐshǒuchí 세면대

❾ 擦手纸 cāshǒuzhǐ 핸드 티슈

❿ 镜子 jìngzi 거울

⓫ 漱口水 shùkǒushuǐ 구강 청결제

Tip 화장실에서 사용할 수 있는 동사

洗 xǐ 동 씻다 | 搽 chá 동 바르다, 칠하다 | 涂 tú 동 바르다 | 堵 dǔ 동 막히다 | 照 zhào 동 비추다 | 擦 cā 동 닦다 | 漱 shù 동 헹구다 | 扔 rēng 동 버리다 | 冲 chōng 동 내리다

05

비상구 열 좌석

应急出口座位

▶ **학습 목표**

비상구 열 안내 카드를 제공하고 관련 내용을 안내할 수 있습니다.
비상구 열 좌석에 어린이가 배정된 경우 좌석을 바꿔 드릴 수 있습니다.

서비스 미리보기

비상구 열 좌석에 앉는 승객은 비상시 승무원을 도와 다른 승객의 탈출을 도울 의무가 있습니다. 그러므로 승무원은 승객에게 지상에서 비상구 열 좌석에 관한 안내 후 동의를 받아야 합니다. 만약 동의하지 않거나 만 15세 이하의 어린이, 임산부, 환자와 같이 다른 사람을 도울 수 없는 승객이 배정될 경우 좌석을 바꿔야 합니다. 또한 비상 탈출구 좌석의 넓은 공간은 비상시에 탈출구로 사용되기 때문에 좌석 밑을 포함한 주변 공간에 짐을 놓지 않도록 안내합니다.

〈비상구 열 좌석 안내〉 Track 2-5-1

乘务员 您好，打扰您。
Nín hǎo, dǎrǎo nín.

您坐的是本架飞机的应急出口座位。
Nín zuò de shì běn jià fēijī de yìngjí chūkǒu zuòwèi.

座位下不能放任何行李物品。
Zuòwèi xià bù néng fàng rènhé xíngli wùpǐn.

乘 客 好的，那我放在行李架上吧。
Hǎode, nà wǒ fàng zài xínglijià shang ba.

乘务员 谢谢您的配合。
Xièxie nín de pèihé.

这是应急出口座位安全须知卡。
Zhè shì yìngjí chūkǒu zuòwèi ānquán xūzhīkǎ.

请您过目，如有疑问请和乘务员联系。
Qǐng nín guòmù, rú yǒu yíwèn qǐng hé chéngwùyuán liánxì.

乘 客 好的，我会认真看的。谢谢。
Hǎode, wǒ huì rènzhēn kàn de. Xièxie.

Track 2-5-2

단어

打扰 dǎrǎo ⑧ 방해하다, 지장을 주다 | 本 běn ⑭ 현재의, 이번의 | 应急出口 yìngjí chūkǒu ⑲ 비상구 | 任何 rènhé ⑭ 어떠한 | 物品 wùpǐn ⑲ 물품 | 配合 pèihé ⑧ 협동하다, 협조하다 | 安全须知卡 ānquán xūzhīkǎ ⑲ 안내 카드 | 过目 guòmù ⑧ 훑어보다, 한번 보다 | 认真 rènzhēn ⑲ 진지하다, 착실하다

승무원	안녕하세요. 손님, 실례합니다.
	앉아 계신 좌석은 이 비행기의 비상구 열 좌석입니다.
	좌석 아래에는 어떤 짐도 놓으실 수 없습니다.
승 객	네, 그럼 선반 위에 놓겠습니다.
승무원	협조해 주셔서 감사합니다.
	여기 비상구 열 좌석 안내 카드입니다.
	읽어 보시고 궁금하신 점이 있으시면 저희 승무원에게 말씀해 주십시오.
승 객	알겠습니다. 열심히 보겠습니다. 감사합니다.

문장연습

我会认真…的。 열심히 ～하겠습니다.
Wǒ huì rènzhēn … de.

我会认真 **考虑** 的。
kǎolǜ
고려하다

진지하게 고려해 보겠습니다.

听
tīng
듣다

귀담아 듣겠습니다.

学习
xuéxí
공부하다

열심히 공부하겠습니다.

〈비상구 열 좌석에 어린이가 배정된 경우〉 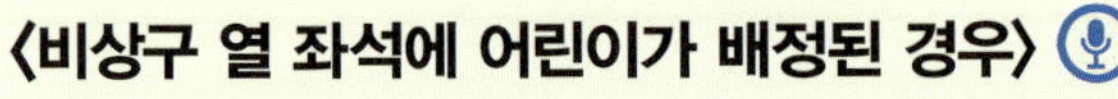 Track 2-5-4

乘务员　您好，请问你们两位是一家人吗？
Nín hǎo, qǐngwèn nǐmen liǎng wèi shì yìjiārén ma?

乘　客　是的。是一家人。
Shì de. Shì yìjiārén.

乘务员　请问，您的儿子多大了？
Qǐngwèn, nín de érzi duō dà le?

乘　客　10岁了。
Shí suì le.

乘务员　不好意思。因为您坐的座位是应急出口座位，
Bù hǎoyìsi. Yīnwèi nín zuò de zuòwèi shì yìngjí chūkǒu zuòwèi,

　　　　未满15岁的旅客不能坐这位置。
wèi mǎn shíwǔ suì de lǚkè bù néng zuò zhè wèizhi.

乘　客　是这样。那好的。
Shì zhèyàng. Nà hǎode.

乘务员　我们帮你们重新安排座位好吗？
Wǒmen bāng nǐmen chóngxīn ānpái zuòwèi hǎo ma?

乘　客　好的。
Hǎode.

乘务员　我们很抱歉给您带来的麻烦。
Wǒmen hěn bàoqiàn gěi nín dàilái de máfan.

Track 2-5-5

단어

一家人 yìjiārén 명 가족, 한 집안 ｜ 儿子 érzi 명 아들 ｜ 未 wèi 부 아직 ～하지 않다 ｜ 是这样 shì zhè yàng 그렇군요 ｜ 麻烦 máfan 명 부담, 골칫거리

승무원	안녕하세요. 실례합니다만, 두 분은 가족이십니까?
승 객	네, 가족입니다.
승무원	실례합니다만, 아드님 나이가 어떻게 되십니까?
승 객	10살입니다.
승무원	죄송합니다만, 손님이 앉아 계신 좌석은 비상구 열 좌석입니다.
	15세 미만의 승객은 이 좌석에 앉을 수 없습니다.
승 객	그렇군요, 알겠습니다.
승무원	저희가 좌석을 다시 배정해 드려도 될까요?
승 객	네.
승무원	번거롭게 해 드려서 정말 죄송합니다.

문장연습

Track 2-5-6

我们很抱歉给您带来的…。 ～을 끼쳐 드려 정말 죄송합니다.
Wǒmen hěn bàoqiàn gěi nín dàilái de ….

我们很抱歉给您带来的

不便
búbiàn
불편

불편을 끼쳐 드려 정말
죄송합니다.

烦恼
fánnǎo
걱정

걱정 끼쳐 드려 정말
죄송합니다.

。

损失
sǔnshī
손해

손해를 끼쳐 드려 정말
죄송합니다.

비상구 열 좌석 탑승 조건에 적합하지 않은 승객

비상구 열 좌석은 이코노미 클래스의 일반 좌석보다 공간이 넓어 많은 승객이 선호하는 좌석이지만, 이 좌석에 배정받은 승객은 비상시 승무원을 도와 다른 승객의 구조 및 탈출을 도와야 하는 의무를 가지고 있습니다. 그렇기 때문에 비상구 열 좌석 조건에 부합하지 않으면 이용할 수 없습니다. 만약 아래와 같은 조건의 승객이 이 좌석에 배정된 경우 승무원은 신속히 다른 좌석으로 바꿔 드려야 합니다. 그럼 비상구 열 좌석에 적합하지 않은 승객의 조건에 대해서 중국어로 알아봅시다.

不适合乘坐应急出口的旅客
bú shìhé chéngzuò yìngjí chūkǒu de lǚkè
비상구 열 좌석 탑승에 적합하지 않은 승객

---

1 未满15岁，且无人陪伴的未成年人
wèi mǎn shíwǔ suì, qiě wúrén péibàn de wèichéngniánrén
15세 미만, 성인 동반자가 없는 미성년자

2 自认健康状况不佳及行动不便的旅客
zìrèn jiànkāng zhuàngkuàng bùjiā jí xíngdòng búbiàn de lǚkè
건강 상태가 좋지 않거나 거동이 불편한 승객

3 在紧急情况下，不能协助其他旅客撤离飞机的旅客
zài jǐnjí qíngkuàng xià, bù néng xiézhù qítā lǚkè chèlí fēijī de lǚkè
비상시, 다른 승객의 탈출을 도와줄 수 없는 승객

4 缺乏理解客舱乘务员口头命令能力的旅客
quēfá lǐjiě kècāng chéngwùyuán kǒutóu mìnglìng nénglì de lǚkè
승무원의 구두 지시를 이해하지 못하는 승객

Tip 비상시 사용할 수 있는 단어

紧急情况 jǐnjí qíngkuàng 몡 비상 상황 | 滑梯 huátī 몡 (비행기) 슬라이드 | 救生衣 jiùshēngyī 몡 구명조끼 | 救生船 jiùshēngchuán 몡 구명보트 | 撤离 chèlí 동 탈출하다, 철수하다 | 充气 chōngqì 동 바람을 넣다

연습문제

1. 다음 단어를 올바른 순서로 배열하고 병음을 쓰세요.

① 손님 좌석은 통로 쪽 좌석입니다.

座位	的	靠	的	是	过道	您

문장 → ______________________________

병음 → ______________________________

② 앉아 계신 좌석은 이 비행기의 비상구 열 좌석입니다.

的	架	应急出口座位	您	本	是	的	坐	飞机

문장 → ______________________________

병음 → ______________________________

2. 다음 주어진 단어를 활용하여 대화를 연습해 보세요.

乘务员 麻烦您出示一下您的登机牌，谢谢。
Máfan nín chūshì yíxià nín de dēngjīpái, xièxie.

乘　客 好的。这是我的登机牌。
Hǎode. Zhè shì wǒ de dēngjīpái.

护照 hùzhào 여권	身份证 shēnfènzhèng 신분증	会员卡 huìyuánkǎ 회원카드

3. 본문 내용을 활용하여 다음 승객의 말에 알맞게 대답해 보세요.

승　객　现在可以使用卫生间吗?

승무원 ______________________________

비행기 안의 구멍 갈고리 좌석

비행기의 좌석은 몇 번째 열인지를 나타내는 숫자와 좌석의 위치를 뜻하는 알파벳 A, B, C, D, E, F, G, H, J, K 등으로 표기됩니다. (I열은 숫자 1과 비슷하기 때문에 사용하지 않습니다.)

비행을 시작한 지 얼마 되지 않았던 주니어 시절이었습니다. 지상에서의 준비를 마친 후 탑승이 시작되었고, 저는 담당 구역에서 승객 한 분 한 분에게 인사를 하며 자리 안내를 도와 드렸습니다. 이때 한 중국인 승객이 저에게 좌석의 위치를 물어보셨습니다.

乘　客　"我的座位是在2洞钩吗?"
Wǒ de zuòwèi shì zài èr dòng gōu ma?
"제 좌석은 2구멍 갈고리인가요?"

乘务员　"您好，您座位是2…洞钩?"
Nín hǎo, nín zuòwèi shì èr … dòng gōu?
"안녕하십니까, 손님 좌석이 2… 구멍 갈고리라고요?"

구멍이라는 뜻의 洞 dòng과 갈고리라는 뜻의 钩 gōu는 중국어를 공부할 때 단어장에서 접했던 단어였고, 평소에는 잘 사용하지 않는 단어이기 때문에 순간 당황했습니다. 승객의 탑승권을 확인하고 나서야 그 洞钩가 20J라는 것을 알게 되었습니다. 숫자 0이 구멍 모양이고, 알파벳 J가 갈고리 모양을 많이 닮았기 때문에 중국인들은 숫자 0을 洞 dòng으로 알파벳 J를 钩 gōu라고 표현한 것이었습니다.

중국인의 귀여운 발상인 구멍 갈고리 좌석, 이제는 자신있게 안내해 드려 볼까요?

이륙 전 서비스

起飞前服务

특수 승객
特殊旅客

▶ **학습 목표**

UM 승객의 비행을 도울 수 있습니다.
휠체어 승객의 비행을 도울 수 있습니다.

서비스 미리보기

특수 승객은 UM, 휠체어 승객 등 승무원의 도움이 필요한 승객을 지칭합니다. UM(无人陪伴儿童 wúrén péibàn értóng, Unaccompained Minor)은 보호자 없이 여행하는 만 5~12세의 어린이를 뜻하며, UM 서비스는 출발지 공항 수속 부터 도착지에 마중 나온 보호자를 만날 때까지 안내하는 서비스입니다. 휠체어 서비스는 질병이나 고령으로 인해 거동이 자유롭지 못한 교통약자의 지상에서 기내까지의 이동을 휠체어로 도와 드리는 서비스입니다.

<UM 승객>  Track 3-1-1

乘务员 小朋友，你好！欢迎你。
Xiǎopéngyou, nǐ hǎo! Huānyíng nǐ.

阿姨带你去座位。跟我来。
Āyí dài nǐ qù zuòwèi. Gēn wǒ lái.

小朋友 阿姨好，谢谢。
Āyí hǎo, xièxie.

乘务员 小朋友，阿姨叫你贝贝可以吗？
Xiǎopéngyou, āyí jiào nǐ bèibèi kěyǐ ma?

小朋友 可以。
Kěyǐ.

乘务员 贝贝，你是第❶一次坐飞机吗？
Bèibèi, nǐ shì dì yī cì zuò fēijī ma?

小朋友 是的，是第一次。有点儿❷紧张。
Shì de, shì dì yī cì. Yǒudiǎnr jǐnzhāng.

乘务员 不用❸紧张。你一个人坐飞机，真厉害啊！
Búyòng jǐnzhāng. Nǐ yí ge rén zuò fēijī, zhēn lìhai a!

有事儿需要帮助时你可以按座位扶手上的呼唤铃。
Yǒu shìr xūyào bāngzhù shí nǐ kěyǐ àn zuòwèi fúshou shang de hūhuànlíng.

阿姨随时来帮你，好吗？
Āyí suíshí lái bāng nǐ, hǎo ma?

小朋友 谢谢，阿姨。
Xièxie, āyí.

❶ 第는 접두사로 사용될 때 숫자와 양사와 함께 쓰여 '제~', '~번째'라는 뜻을 나타냅니다.
❷ 부사로 '조금', '약간'이라는 의미로 뒤에 형용사가 옵니다. 수량의 적음을 나타내는 동사로 쓰일 때에는 뒤에 명사가 목적어로 옵니다.
❸ '~할 필요가 없다'는 의미로, 뒤에는 동사나 형용사가 올 수 있습니다.

 Track 3-1-2

단어

小朋友 xiǎopéngyou 몡 어린이, 꼬마 | 欢迎 huānyíng 툉 환영하다, 기쁘게 맞이하다 | 阿姨 āyí 몡 아주머니, 아줌마 | 带 dài 툉 인솔하다, 이끌다 | 跟 gēn 툉 따라가다, 뒤따르다 | 第一次 dì yī cì 몡 처음, 최초 | 有点儿 yǒudiǎnr 囝 조금, 약간 | 紧张 jǐnzhāng 혱 불안하다, 긴장하다 | 不用 búyòng 囝 ~할 필요가 없다 | 厉害 lìhai 혱 대단하다, 굉장하다 | 扶手 fúshou 몡 손잡이, 팔걸이 | 呼唤 hūhuàn 툉 외치다, 부르다 | 铃 líng 몡 벨, 링 | 随时 suíshí 囝 수시로, 언제나

승무원	어린이 손님, 안녕하세요! 환영합니다.
	자리 안내를 도와 드릴게요. 따라 오세요.
어린이	네, 안녕하세요. 감사합니다.
승무원	어린이 손님, 뻬이뻬이라고 불러도 될까요?
어린이	네.
승무원	뻬이뻬이는 비행기 처음 타 보는 거예요?
어린이	네, 처음 타요. 조금 긴장돼요.
승무원	긴장할 필요 없어요. 혼자 비행기도 타고, 정말 대단해요!
	도움이 필요하면 좌석 팔걸이에 있는 호출 버튼을 눌러 주세요.
	언제든지 도와 줄게요, 알았죠?
어린이	네, 감사합니다.

문장연습

🎙 Track 3-1-3

有点儿 + 형용사。 조금 ～(형용사)하다.
Yǒudiǎnr + 형용사.

	累 lèi 피곤하다	조금 피곤하다.
有点儿	不舒服 bù shūfu 불편하다	조금 불편하다.
	疼 téng 아프다	조금 아프다.

〈휠체어 승객〉 🎤 Track 3-1-4

乘务员　您好，我是韩籍乘务员金秀贞。
Nín hǎo, wǒ shì Hánjí chéngwùyuán Jīn Xiùzhēn.

您的座位是16C，在客舱的前边。
Nín de zuòwèi shì shíliù C, zài kècāng de qiánbian.

请您跟我来。我帮您拿行李。
Qǐng nín gēn wǒ lái. Wǒ bāng nín ná xíngli.

乘　客　好的，谢谢。
Hǎode, xièxie.

乘务员　这是您的座位。
Zhè shì nín de zuòwèi.

如果您上卫生间需要帮助，
Rúguǒ nín shàng wèishēngjiān xūyào bāngzhù,

可以按呼唤铃叫我们客舱乘务员。
kěyǐ àn hūhuànlíng jiào wǒmen kècāng chéngwùyuán.

飞机落地之后您在座位上稍微等一下。
Fēijī luòdì zhīhòu nín zài zuòwèi shang shāowēi děng yíxià.

等其他旅客下❶完飞机，我来帮您好吗？
Děng qítā lǚkè xiàwán fēijī, wǒ lái bāng nín hǎo ma?

乘　客　好的，我明白了。谢谢您。
Hǎode, wǒ míngbai le. Xièxie nín.

❶ 下 뒤에 飞机 비행기, 车 차, 楼 층 등의 명사가 오면 동사의 성격을 띄게 되어 '높은 곳에서 낮은 곳으로 내려가다'라는 뜻을 가지게 됩니다.

🎤 Track 3-1-5

단어

韩籍 Hánjí 한국 국적 | **客舱** kècāng 몡 객실, 선실 | **拿** ná 동 (손으로) 잡다, 쥐다 | **行李** xíngli 몡 짐, 수하물 | **落地** luòdì 동 (비행기가) 착륙하다 | **稍微** shāowēi 틘 조금, 약간, 다소 | **其他** qítā 데 기타, 다른 사람 | **下** xià 동 (높은 곳에서 낮은 곳으로) 내려가다 | **完** wán 동 끝내다, 마치다 | **明白** míngbai 동 알다, 이해하다

승무원	안녕하세요. 저는 한국인 승무원 김수정입니다.
	손님의 좌석은 16C이고, 객실 앞쪽에 있습니다.
	저를 따라 오십시오. 제가 짐을 들어 드리겠습니다.
승 객	네, 감사합니다.
승무원	여기가 손님 좌석입니다.
	화장실에 가실 때 도움이 필요하시면,
	호출 버튼을 눌러 저희 승무원을 불러 주십시오.
	비행기가 착륙한 후에는 좌석에 앉아서 잠시만 기다려 주십시오.
	다른 승객 분들이 모두 비행기에서 내리신 후, 제가 와서 도와 드려도 되겠습니까?
승 객	네, 알겠습니다. 감사합니다.

문장연습

🎤 Track 3-1-6

我是 + 국적 + 乘务员。 저는 ～(국적)인 승무원입니다.
Wǒ shì + 국적 + chéngwùyuán.

我是

德籍
Déjí
독일 국적

日籍
Rìjí
일본 국적

泰籍
Tàijí
태국 국적

乘务员。

저는 독일인 승무원입니다.

저는 일본인 승무원입니다.

저는 태국인 승무원입니다.

UM 승객에게 중국어로 편지 쓰기

비행기에서는 한국인 UM(无人陪伴儿童 wúrén péibàn értóng, Unaccompained Minor) 승객뿐만 아니라 미국, 중국, 일본 등 다양한 국적의 UM 승객을 만날 수 있습니다. 승무원은 어린이 승객의 식사 내용, 휴식 상황, 엔터테인먼트 이용 등 어린이 승객의 비행 전 과정을 적어 보호자에게 전달합니다. 중국인 어린이 승객을 만난다면, 자신 있게 중국어로 편지를 써 보는 건 어떨까요?

您好，尊敬的＿＿＿＿＿＿家长。
Nín hǎo, zūnjìng de ＿＿＿＿＿＿ jiāzhǎng.
안녕하세요, 존경하는 ＿＿＿＿＿ 부모님.

我是韩籍乘务员＿＿＿＿＿＿。
Wǒ shì Hánjí chéngwùyuán ＿＿＿＿＿＿.
저는 한국인 승무원 ＿＿＿＿＿입니다.

今天很高兴跟＿＿＿＿＿＿一起旅行。
Jīntiān hěn gāoxìng gēn ＿＿＿＿＿＿ yìqǐ lǚxíng.
오늘 ＿＿＿＿＿와 함께 여행하게 되어 매우 기쁩니다.

今天他坐的机型是＿＿＿＿＿＿，他坐在＿＿＿＿＿＿，
Jīntiān tā zuò de jīxíng shì ＿＿＿＿＿＿, tā zuò zài ＿＿＿＿＿＿,
오늘 어린이 손님이 탄 비행기는 ＿＿＿＿ 기종이며, 어린이 손님은 ＿＿＿＿에 앉았습니다.

起飞后，我们提供用餐服务时，
Qǐfēi hòu, wǒmen tígōng yòngcān fúwù shí,
이륙 후 식사 서비스 제공 시,

他选择了＿＿＿＿＿＿，喝了两杯＿＿＿＿＿＿。
tā xuǎnzé le ＿＿＿＿＿＿, hē le liǎng bēi ＿＿＿＿＿＿.
어린이 손님은 ＿＿＿＿＿을 선택했고, 두 잔의 ＿＿＿＿＿를 마셨습니다.

他吃完饭以后，看了自己带的一本书。
Tā chīwán fàn yǐhòu, kàn le zìjǐ dài de yì běn shū.
식사 후에는 직접 가져온 책을 봤습니다.

他又聪明又乖。我们都很喜欢他。
Tā yòu cōngming yòu guāi. Wǒmen dōu hěn xǐhuan tā.
똑똑하고 착한 어린이 손님을 저희는 정말 좋아합니다.

希望下次再跟他一起旅行。谢谢！
Xīwàng xiàcì zài gēn tā yìqǐ lǚxíng. Xièxie!
다음번에도 어린이 손님과 함께 여행했으면 좋겠습니다. 감사합니다!

02

비즈니스 및 VIP 승객

公务舱及VIP服务

▶ **학습 목표**

비즈니스 및 VIP 승객에게 이륙 전 서비스를 할 수 있습니다.
비즈니스 및 VIP 승객에게 환영 인사를 할 수 있습니다.

서비스 미리보기

비즈니스 및 퍼스트 클래스는 넓고 편안한 좌석뿐만 아니라 일대일 맞춤 서비스를 제공합니다. 탑승 후 지상에서는 웰컴 드링크, 신문, 슬리퍼를 제공하고 중장거리 노선에 따라서는 어메니티를 제공합니다. 비즈니스 및 퍼스트 클래스 이용 승객은 이륙 후에 제공되는 기내식, 디저트, 주류 등의 선택의 폭이 다양하며, 식전 빵, 애피타이저, 주요리, 과일 및 케이크 등의 코스 요리 형태의 식사 서비스를 받을 수 있습니다.

〈외투 보관〉  Track 3-2-1

乘务员　您好，需要把衣服挂起来[1]吗？
Nín hǎo, xūyào bǎ yīfu guà qǐlai ma?

乘　客　需要，谢谢。
Xūyào, xièxie.

乘务员　有贵重物品需要拿出来吗[2]？
Yǒu guìzhòng wùpǐn xūyào ná chūlai ma?

乘　客　没有，谢谢。
Méiyǒu, xièxie.

乘务员　我们将在着陆之前把衣服还给您[3]。
Wǒmen jiāng zài zhuólù zhīqián bǎ yīfu huán gěi nín.

乘　客　好的，谢谢。
Hǎode, xièxie.

[1] 동사 뒤에 쓰여, 동작이 위로 향함을 나타냅니다. 그 밖에 일의 시작과 지속, 동작의 완성이나 목표 달성을 나타내기도 합니다.

[2] 승객의 옷을 걸어 드릴 때, 여권, 지갑, 휴대전화 등의 귀중품은 승객이 직접 보관하도록 안내합니다.

[3] '把+명사+还给您'의 형식으로 쓰이며 '~(명사)를 돌려주다'라는 의미입니다. 주로 승객에게 받았거나 보관했던 옷, 지팡이 등의 물품을 돌려줄 때 사용합니다.

 Track 3-2-2

단 어

衣服 yīfu 몡 옷 | 挂 guà 동 (고리에) 걸다, 걸리다 | 贵重 guìzhòng 혱 귀중하다, 중요하다 | 物品 wùpǐn 몡 물품 | 着陆 zhuólù 동 (비행기가) 착륙하다(= 落地 luòdì) | 还 huán 동 돌려주다, 상환하다

승무원	안녕하세요, 옷 걸어 드릴까요?
승 객	네, 감사합니다.
승무원	꺼내셔야 하는 귀중품이 있으신가요?
승 객	아닙니다. 감사합니다.
승무원	착륙하기 전에 옷을 돌려 드리겠습니다.
승 객	네, 감사합니다.

문장연습

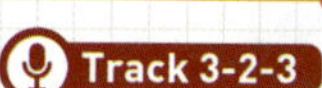

🎙 **Track 3-2-3**

把＋명사＋还给您。   ～(명사)를 돌려 드리겠습니다.
Bǎ ＋ 명사 ＋ huán gěi nín.

	雨伞 yǔsǎn 우산		우산을 돌려 드리겠습니다.
把	**拐杖** guǎizhàng 지팡이	**还给您。**	지팡이를 돌려 드리겠습니다.
	外套 wàitào 외투		외투를 돌려 드리겠습니다.

〈사무장 인사〉 🎙 Track 3-2-4

乘务长 您好，李先生。
Nín hǎo, Lǐ xiānsheng.

欢迎您选乘瞳养航空公司的航班。
Huānyíng nín xuǎn chéng Tóngyǎng Hángkōng Gōngsī de hángbān.

我是本次航班的主任乘务长，刘美丽。
Wǒ shì běn cì hángbān de zhǔrèn chéngwùzhǎng, Liú Měilì.

今天很高兴为您服务。
Jīntiān hěn gāoxìng wèi nín fúwù.

这是为您准备的报纸[1]，您想看哪一种？
Zhè shì wèi nín zhǔnbèi de bàozhǐ, nín xiǎng kàn nǎ yì zhǒng?

今天飞行时间大约5小时30分钟。
Jīntiān fēixíng shíjiān dàyuē wǔ xiǎoshí sānshí fēnzhōng.

如果有什么需要请随时呼叫我们客舱乘务员。
Rúguǒ yǒu shénme xūyào qǐng suíshí hūjiào wǒmen kècāng chéngwùyuán.

谢谢。
Xièxie.

[1] 중국의 주요 언론사인 아래의 다섯 가지 신문은 꼭 알아 둡시다.
- 인민일보
  人民日报 Rénmín Rìbào
- 신경보
  新京报 Xīnjīng Bào
- 환구시보
  环球时报 Huánqiú Shíbào
- 참고소식
  参考消息 Cānkǎo Xiāoxi
- 생명시보
  生命时报 Shēngmìng Shíbào

🎙 Track 3-2-5

단어

选乘 xuǎn chéng 이용하여 탑승하다 | 主任乘务长 zhǔrèn chéngwùzhǎng 圀 주임 사무장 | 高兴 gāoxìng 휑 기쁘다, 즐겁다 | 服务 fúwù 圐 서비스하다 | 准备 zhǔnbèi 圐 준비하다 | 报纸 bàozhǐ 圀 신문 | 飞行时间 fēixíng shíjiān 圀 비행시간 | 大约 dàyuē 囲 대략, 대강 | 呼叫 hūjiào 圐 부르다, 연락하다

사무장 안녕하십니까, 이 선생님.

동양항공의 항공편에 탑승하신 것을 환영합니다.

저는 이 항공편의 주임 사무장 리우 메이리입니다.

오늘 선생님께 서비스를 해 드릴 수 있게 되어 기쁩니다.

선생님을 위해 준비한 신문입니다. 어떤 신문으로 보시겠습니까?

오늘 비행시간은 약 5시간 30분입니다.

필요하신 것이 있으시면 언제든지 저희 승무원을 불러 주세요.

감사합니다.

문장연습

🎤 Track 3-2-6

这是为您准备的…。　이것은 당신을 위해 준비한 ～입니다.
Zhè shì wèi nín zhǔnbèi de ….

这是为您准备的	拖鞋 tuōxié 슬리퍼	이것은 당신을 위해 준비한 슬리퍼입니다.
	红葡萄酒 hóngpútáojiǔ 레드 와인	이것은 당신을 위해 준비한 레드 와인입니다.
	洗漱包 xǐshùbāo 어메니티	이것은 당신을 위해 준비한 어메니티입니다.

〈핫 타월 & 웰컴 드링크〉 🎤 Track 3-2-7

–핫 타월 제공

乘务员 您好，欢迎您乘坐瞳养航空991航班前往洛杉矶。
Nín hǎo, huānyíng nín chéngzuò Tóngyǎng Hángkōng jiǔ jiǔ yī hángbān qiánwǎng Luòshānjī.

请您用热毛巾，小心烫。
Qǐng nín yòng rè máojīn, xiǎoxīn tàng.

–웰컴 드링크 제공

乘务员 您好，我们为您准备了矿泉水、橙汁、苹果汁和香槟。
Nín hǎo, wǒmen wèi nín zhǔnbèi le kuàngquánshuǐ、chéngzhī、píngguǒzhī hé xiāngbīn.

请问您来点什么？
Qǐngwèn nín lái diǎn shénme?

乘　客 来❶一杯香槟，谢谢。
Lái yì bēi xiāngbīn, xièxie.

乘务员 这是为您准备的香槟，请慢用。
Zhè shì wèi nín zhǔnbèi de xiāngbīn, qǐng màn yòng.

❶ 동사로 '오다'라는 뜻이지만, 음식을 주문하거나 물건을 구매할 때 구체적인 동사를 대신하여 사용하기도 합니다.
예) 倒一杯香槟。
　　Dào yì bēi xiāngbīn.
　　샴페인 한 잔 따라 주세요.
　　= 来一杯香槟。
　　Lái yì bēi xiāngbīn.
　　샴페인 한 잔 주세요.

买一套化妆品。
Mǎi yí tào huàzhuāngpǐn.
화장품 한 세트 사겠습니다.
= 来一套化妆品。
Lái yí tào huàzhuāngpǐn.
화장품 한 세트 주세요.

🎤 Track 3-2-8

단어

乘坐 chéngzuò 图 (배, 비행기를) 타다 ｜ 前往 qiánwǎng 图 앞으로 가다, 향하여 가다 ｜ 洛杉矶 Luòshānjī 지명 로스앤젤레스 ｜ 热毛巾 rè máojīn 명 핫 타월 ｜ 烫 tàng 형 몹시 뜨겁다 ｜ 矿泉水 kuàngquánshuǐ 명 생수, 미네랄 워터 ｜ 橙汁 chéngzhī 명 오렌지 주스 ｜ 苹果汁 píngguǒzhī 명 사과 주스 ｜ 香槟 xiāngbīn 명 샴페인 ｜ 慢用 màn yòng 천천히 먹다, 많이 먹다

−핫 타월 제공

승무원　안녕하십니까, 로스앤젤레스로 가는 동양항공 991편을 탑승하신 것을 환영
합니다.
핫 타월 준비해 드리겠습니다. 뜨거우니 조심하십시오.

−웰컴 드링크 제공

승무원　안녕하십니까, 생수, 오렌지 주스, 사과 주스 그리고 샴페인이 준비되어 있습
니다.
어떤 것으로 하시겠습니까?

승 객　샴페인 한 잔 주세요, 감사합니다.

승무원　샴페인으로 준비해 드리겠습니다. 맛있게 드세요.

문장연습

🎤 Track 3-2-9

请问您 + 동사 + 点什么?　어떤 것으로 ~(동사)하시겠습니까?
Qǐngwèn nín + 동사 + diǎn shénme?

	买 mǎi 사다	어떤 것으로 구매하시겠습니까?
请问您	吃 chī 먹다	点什么?　어떤 것으로 드시겠습니까?
	喝 hē 마시다	어떤 것으로 드시겠습니까?

〈서비스 용품 [1]〉 🎤 Track 3-2-10

−슬리퍼 제공

乘务员 您好，您需要拖鞋吗?
Nín hǎo, nín xūyào tuōxié ma?

我给您打开包装。
Wǒ gěi nín dǎkāi bāozhuāng.

−어메니티 제공

乘务员 您好，这是为您准备的洗漱包。
Nín hǎo, zhè shì wèi nín zhǔnbèi de xǐshùbāo.

里面有眼罩、耳塞、袜子、牙膏、牙刷、润唇膏和护手霜。
Lǐmian yǒu yǎnzhào、ěrsāi、wàzi、yágāo、yáshuā、rùnchúngāo hé hùshǒushuāng.

希望您能喜欢。
Xīwàng nín néng xǐhuan.

[1] 비즈니스 클래스나 퍼스트 클래스에서는 노선에 따라 기내에 睡衣(shuìyī 잠옷)나 被子(bèizi 이불)가 제공되기도 합니다.

• 睡衣 shuìyī 잠옷
睡衣大小对您合适吗?
Shuìyī dàxiǎo duì nín héshì ma?
잠옷 사이즈가 당신에게 맞으십니까?

• 被子 bèizi 이불
这是为您准备的被子，希望您满意。
Zhè shì wèi nín zhǔnbèi de bèizi, xīwàng nín mǎnyì.
손님을 위해 준비한 이불입니다. 만족하셨으면 좋겠습니다.

🎤 Track 3-2-11

단어

拖鞋 tuōxié 몡 슬리퍼 | 打开 dǎkāi 동 풀다, 열다, (스위치를) 켜다 | 包装 bāozhuāng 몡 포장 | 洗漱包 xǐshùbāo 몡 어메니티(양질의 서비스를 위해 무료로 제공하는 각종 소모품 및 서비스 용품) | 眼罩 yǎnzhào 몡 안대 | 耳塞 ěrsāi 몡 귀마개 | 袜子 wàzi 몡 양말 | 牙膏 yágāo 몡 치약 | 牙刷 yáshuā 몡 칫솔 | 润唇膏 rùnchúngāo 몡 립글로스 | 护手霜 hùshǒushuāng 몡 핸드크림 | 希望 xīwàng 동 희망하다, 소망하다

–슬리퍼 제공

승무원 안녕하십니까, 슬리퍼 필요하십니까?

포장을 뜯어 드리겠습니다.

–어메니티 제공

승무원 안녕하십니까, 손님을 위해 준비한 어메니티입니다.

안에는 안대, 귀마개, 양말, 치약, 칫솔, 립글로스 그리고 핸드크림이 들어 있습니다.

마음에 드셨으면 좋겠습니다.

문장연습

Track 3-2-12

我给您打开 + 명사。　～(명사)를 ～열어(/켜) 드리겠습니다.
Wǒ gěi nín dǎkāi + 명사.

我给您打开

遮光板
zhēguāngbǎn
창문 커튼
。　창문 커튼을 열어 드리겠습니다.

空调
kōngtiáo
에어컨
。　에어컨을 켜 드리겠습니다.

行李架
xínglijià
선반
。　선반을 열어 드리겠습니다.

〈식사 안내〉 🎤 Track 3-2-13

乘务员　您好，王先生。
　　　　Nín hǎo, Wáng xiānsheng.

　　　　我是韩籍乘务员金秀贞。欢迎您乘坐瞳养航空航班。
　　　　Wǒ shì Hánjí chéngwùyuán Jīn Xiùzhēn. Huānyíng nín chéngzuò Tóngyǎng
　　　　Hángkōng hángbān.

　　　　今天飞行时间大约9小时40分钟。
　　　　Jīntiān fēixíng shíjiān dàyuē jiǔ xiǎoshí sìshí fēnzhōng.

　　　　我们为您准备了两顿正餐。
　　　　Wǒmen wèi nín zhǔnbèi le liǎng dùn zhèngcān.

　　　　这是菜谱和酒单。今天主菜有西餐、韩餐和中餐。
　　　　Zhè shì càipǔ hé jiǔdān. Jīntiān zhǔcài yǒu xīcān、háncān hé zhōngcān.

乘　客　谢谢。今天我想吃肉类。您有什么可以推荐的?
　　　　Xièxie. Jīntiān wǒ xiǎng chī ròulèi. Nín yǒu shénme kěyǐ tuījiàn de?

乘务员　西餐有黑椒牛排挺不错的，您尝一尝❶怎么样?
　　　　Xīcān yǒu hēijiāo niúpái tǐng búcuò de, nín cháng yi cháng zěnmeyàng?

乘　客　那我试一下。我选择西餐。
　　　　Nà wǒ shì yíxià. Wǒ xuǎnzé xīcān.

乘务员　好的。希望您能喜欢。
　　　　Hǎode. Xīwàng nín néng xǐhuan.

❶ '동사＋一＋동사'의 형식으로 동사를 중첩하여 '한번 ～해 보다'의 의미로 시도를 나타냅니다. 동사 자리에는 단음절 동사가 주로 옵니다.

🎤 Track 3-2-14

단어

顿 dùn ⓥ 번, 차례, 끼 | **正餐** zhèngcān ⓝ 식사, 정찬 | **菜谱** càipǔ ⓝ 메뉴, 식단 | **酒单** jiǔdān ⓝ 주류 리스트 | **肉类** ròulèi ⓝ 육류 | **推荐** tuījiàn ⓥ 추천하다 | **黑椒** hēijiāo ⓝ 후추 | **牛排** niúpái ⓝ 스테이크 | **不错** búcuò ⓗ 좋다, 괜찮다 | **尝** cháng ⓥ 맛보다 | **试** shì ⓥ 시험 삼아 해 보다 | **选择** xuǎnzé ⓥ 선택하다

승무원	안녕하세요, 왕 선생님.
	저는 한국인 승무원 김수정입니다. 동양항공 항공편 탑승을 환영합니다.
	오늘 비행시간은 약 9시간 40분입니다.
	식사는 두 번의 정찬을 준비하였습니다.
	여기 식사 메뉴와 주류 리스트입니다. 오늘 주요리는 서양식, 한식, 중식이 준비되어 있습니다.
승 객	감사합니다. 오늘 육류가 먹고 싶은데요. 혹시 추천해 주실 만한 식사가 있을까요?
승무원	서양식에 후추를 뿌린 소고기 스테이크가 맛있습니다. 한번 맛보시겠습니까?
승 객	그럼 시도해 보겠습니다. 전 서양식으로 하겠습니다.
승무원	네, 마음에 드셨으면 좋겠습니다.

문장연습

🎙 **Track 3-2-15**

您＋동사＋一＋동사＋怎么样?　　한번 ～(동사)해 보시겠습니까?
Nín + 동사 + yi + 동사 + zěnmeyàng?

您

看 kàn 보다	一	看 kàn 보다	怎么样?	한번 보시겠습니까?
听 tīng 듣다		听 tīng 듣다		한번 들어 보시겠습니까?
试 shì 시도하다		试 shì 시도하다		한번 시도해 보시겠습니까?

중국인의 성(姓)

항공사마다 비행기를 많이 이용하는 승객(常旅客 chánglǚkè, Frequent Flyer)에게는 기내에서 승무원이 간단한 인사 및 신문 서비스 등의 웰컴 서비스를 하고, 비행 전 과정을 세심하게 서비스합니다. 또한 VIP 리스트를 통해 승객의 이름을 확인하고 서비스 시 승객의 이름을 불러 드립니다. 기내에 준비되는 VIP 리스트의 승객 이름은 영문 알파벳으로 표기되어 있기 때문에 승객의 성을 부를 때에는 반드시 성조에 주의해야 합니다. 또한 승객의 전체 이름을 부르지 않고, 성 뒤에 先生 xiānsheng, 女士 nǚshì, 老师 lǎoshī 등을 붙여 부릅니다. 그럼 중국에서 가장 많은 비율을 차지하는 성씨에 대해 알아봅시다.

VIP 리스트 要客名单 yàokè míngdān

```
DONGYANG AIRLINES                        30-06-16  11:31  PAGE:1
VIP LIST                                              DY111/30JUN


PEK/LAX
11E   LI/NA                 OZ/G     45A   YANG/TINGTING      OZ/S
15K   HUANG/LONGQIANG       DY/S     48H   WU/QI              CA/G
19L   LIU/QIANYA            NH/G     52A   SUN/YUAN           NH/G
31J   WANG/JIAN             DY/G     55C   HONG/MINKOOK       CA/S
33F   ZHANG/LIHONG          OZ/G     65H   KIM/SOOYEON        ZH/G
TOTAL/10
```

중국의 20대 성씨 中国二十大姓氏 Zhōngguó èrshí dà xìngshì

1	李 Lǐ 리/이	11	徐 Xú 서
2	王 Wáng 왕	12	孙 Sūn 손
3	张 Zhāng 장	13	马 Mǎ 마
4	刘 Liú 류/유	14	胡 Hú 호
5	陈 Chén 진	15	朱 Zhū 주
6	杨 Yáng 양	16	郭 Guō 곽
7	黄 Huáng 황	17	何 Hé 하
8	赵 Zhào 조	18	罗 Luó 라
9	周 Zhōu 주	19	高 Gāo 고
10	吴 Wú 우	20	林 Lín 림/임

특별 기내식

特殊餐食

▶ 학습 목표

승객에게 특별 기내식 예약 여부를 확인할 수 있습니다.

서비스 미리보기

고도 3만 피트 이상의 하늘에서 먹는 기내식은 비행 중 가장 큰 즐거움입니다. 하지만 종교나 건강 등의 이유로 일반 기내식을 먹지 못하는 승객도 있기 때문에 국내외 주요 항공사는 특별 기내식(特殊餐食 tèshū cānshí) 서비스를 제공하고 있습니다. 특별 기내식에는 야채식, 의료식, 종교식, 아동식, 영유아식 등 다양한 종류가 준비되어 있습니다. 승무원은 이륙 전 특별 기내식 리스트를 통해 특별 기내식의 종류와 수량이 정확하게 탑재 되었는지 확인하고, 승객이 탑승하면 이름과 해당 승객이 예약한 특별 기내식을 확인합니다. 또한, 특별 기내식은 이륙 후 식사 서비스 시 가장 먼저 서비스해 드립니다.

〈특별 기내식 예약 확인〉 Track 3-3-1

乘务员　您好，金先生。
Nín hǎo, Jīn xiānsheng.

您是不是❶预订了一份❷特餐?
Nín shì bu shì yùdìng le yí fèn tècān?

我想和您确认一下特餐。
Wǒ xiǎng hé nín quèrèn yíxià tècān.

乘　客　您好，我预订了一份海鲜特餐。
Nín hǎo, wǒ yùdìng le yí fèn hǎixiān tècān.

乘务员　好的，您还需要喝什么饮料呢?
Hǎode, nín hái xūyào hē shénme yǐnliào ne?

乘　客　有白葡萄酒吗?
Yǒu báipútáojiǔ ma?

乘务员　有，我们供餐时将先为您送过来。
Yǒu, wǒmen gōng cān shí jiāng xiān wèi nín sòng guòlai.

乘　客　谢谢。
Xièxie.

❶ 동사의 긍정형과 부정형을 함께 사용해 의문문을 만들 수 있습니다. 이러한 형식을 정반의문문이라고 합니다.

❷ '개', '분', '세트', '벌', '몫'을 나타내는 양사로, 儿 ér을 붙여 份儿 fènr로 쓰기도 합니다.

Track 3-3-2

단어

预订 yùdìng ⑧ 예약하다 | 份 fèn ⑱ 세트, 개 | 特餐 tècān ⑲ 특별 기내식, 스페셜 밀 | 确认 quèrèn ⑧ (사실이나 원칙 등을) 확인하다 | 海鲜 hǎixiān ⑲ 해산물 | 需要 xūyào ⑧ 필요하다, 요구하다 | 什么 shénme ㉙ 무슨, 어떤, 어느 | 饮料 yǐnliào ⑲ 음료 | 白葡萄酒 báipútáojiǔ ⑲ 백포도주, 화이트 와인 | 供 gōng ⑧ 공급하다, 제공하다 | 将 jiāng ㉺ ~하게 될 것이다, ~일 것이다 | 送 sòng ⑧ 보내다, 배달하다

승무원	안녕하십니까, 김 선생님.
	특별 기내식 예약하셨죠?
	특별 기내식 확인을 도와 드리겠습니다.
승 객	안녕하세요. 저는 해산물식으로 예약했습니다.
승무원	네, 알겠습니다. 음료는 어떤 걸로 준비해 드릴까요?
승 객	화이트 와인 있습니까?
승무원	네, 있습니다. 식사 서비스 시 먼저 준비해 드리겠습니다.
승 객	감사합니다.

문장연습

您是不是预订了…? 당신은 ~을 예약하셨죠?
Nín shì bu shì yùdìng le …?

您是不是预订了

两份儿童餐	당신은 아동식
liǎng fèn értóngcān	두 세트를 예약하셨죠?
아동식 두 세트	
免税品	당신은 면세품을
miǎnshuìpǐn	예약하셨죠?
면세품	
一份水果餐	당신은 과일식
yí fèn shuǐguǒcān	한 세트를 예약하셨죠?
과일식 한 세트	

?

〈유대교식〉 🎙 Track 3-3-4

乘务员 您好，姜先生。
Nín hǎo, Jiāng xiānsheng.

我想和您确认一下您预订的犹太餐[1]。
Wǒ xiǎng hé nín quèrèn yíxià nín yùdìng de yóutàicān.

乘 客 您好，是的。我订了犹太餐。
Nín hǎo, shì de. Wǒ dìng le yóutàicān.

乘务员 这是您订的犹太餐。您要自己保管吗?
Zhè shì nín dìng de yóutàicān. Nín yào zìjǐ bǎoguǎn ma?

乘 客 您帮我保管一下。
Nín bāng wǒ bǎoguǎn yíxià.

乘务员 好的，热食[2]需要加热吗?[3]
Hǎode, rèshí xūyào jiārè ma?

乘 客 需要。谢谢。
Xūyào. Xièxie.

乘务员 起飞以后，我们会按照您的要求去[4]做的。
Qǐfēi yǐhòu, wǒmen huì ànzhào nín de yāoqiú qù zuò de.

乘 客 谢谢。
Xièxie.

[1] 유대교식은 실(Seal)이 부착된 밀봉 상태로 제공해 드리며 직접 보관하시는지 핫 밀(Hot Meal)을 데워서 제공해 드리는지 확인해야 합니다.

[2] 热食는 기내 오븐에 데워서 제공하는 주요리로 핫 밀(Hot Meal)로 부릅니다.

[3] 명사 + 需要加热吗의 형식으로 쓰여 '~를 데워 드릴까요?'라는 의미입니다.

[4] 동사로 '가다'라는 뜻도 있지만 '~로서 ~하다'라는 의미로도 쓰여, 문장에서 방법이나 방향을 나타내기도 합니다.

🎙 Track 3-3-5

단 어

犹太餐 yóutàicān 몡 유대교식 | **自己** zìjǐ 떼 자기, 자신 | **保管** bǎoguǎn 동 보관하다 | **加热** jiārè 동 가열하다 | **按照** ànzhào 깨 ~에 따라, ~에 의해 | **要求** yāoqiú 몡 요구, 요청

승무원	안녕하세요, 강 선생님.
	유대교식 예약 확인을 도와 드리겠습니다.
승 객	안녕하세요. 맞습니다. 유대교식을 예약했습니다.
승무원	여기 예약하신 유대교식입니다. 직접 보관하시겠습니까?
승 객	보관 부탁드립니다.
승무원	알겠습니다. 핫 밀은 데워 드릴까요?
승 객	네, 데워 주십시오. 감사합니다.
승무원	이륙 후, 요청하신 대로 준비해 드리겠습니다.
승 객	감사합니다.

문장연습

명사 + 需要加热吗?   ~(명사)를 데워 드릴까요?
명사 + xūyào jiārè ma?

面包
Miànbāo
빵

빵을 데워 드릴까요?

牛奶
Niúnǎi
우유

需要加热吗?   우유를 데워 드릴까요?

主菜
Zhǔcài
주요리

주요리를 데워 드릴까요?

특별 기내식의 중국어 표기법

특별 기내식에는 야채식, 의료식, 종교식, 아동식 및 영유아식 등 다양한 종류가 있습니다. 특히 중국은 한족과 55개의 소수민족으로 이루어진 다민족 국가로 기내에서 종교식을 찾는 소수민족을 자주 만날 수 있습니다. 기내에서 가장 자주 볼 수 있는 소수민족인 후이족(回族 huízú)과 웨이우얼족(维吾尔族 wéiwú'ěrzú)의 종교는 이슬람교입니다. 이슬람교를 믿는 무슬림들은 돼지고기를 먹지 않기 때문에 이슬람교식을 사전 예약하는 승객들이 많습니다. 하지만 예약하지 않은 승객들을 만날 때도 있습니다. 이럴 때는 돼지고기가 없는 기내식을 추천해 드릴 수 있습니다. 그럼 특별 기내식의 종류와 중국어 표기를 알아봅시다.

- **서양채식(VGML)** 纯素餐 chúnsùcān

  고기, 생선, 유제품을 사용하지 않는 엄격한 서양식 채식입니다.

- **동양채식(VOML)** 东方素餐 dōngfāngsùcān

  고기, 생선, 유제품을 사용하지 않은 동양식 채식입니다.

- **아시아, 힌두식채식(AVML)** 亚州素餐 yàzhōusùcān

  고기, 생선, 계란을 사용하지 않고 유제품을 사용한 아시아, 힌두식 채식입니다.

- **과일식(FPML)** 水果餐 shuǐguǒcān

  신선한 과일로 구성된 기내식입니다.

- **해산물식(SFML)** 海鲜餐 hǎixiāncān

  신선하고 다양한 해산물로 구성된 기내식입니다.

- **당뇨식(DBML)** 糖尿病餐 tángniàobìngcān

  당뇨병 환자에게 적합한 기내식으로, 당분을 거의 함유하고 있지 않습니다.

- **아동식(CHML)** 儿童餐 értóngcān

  만 2세~12세 미만의 어린이에게 제공되는 기내식으로 햄버거, 피자, 돈가스 등 어린이들이 좋아하는 메뉴로 구성되어 있습니다.

- **유아식(BBML)** 婴儿餐 yīng'ércān

  24개월 미만의 영아에게 제공되는 기내식으로 유아에게 적합한 이유식과 아기 주스가 제공됩니다.

- **이슬람교식(MOML)** 穆斯林餐 mùsīlíncān

  이슬람교 율법에 따라 제조된 기내식으로 돼지고기와 알코올을 사용하지 않습니다.

- **유대교식(KSML)** 犹太餐 yóutàicān

  유대교 율법에 따라 제조된 기내식으로 48시간 이전에 사전 주문해야 합니다.

04

영아 승객
婴儿旅客

▶ **학습 목표**
영아 안전벨트 사용법을 안내할 수 있습니다.
베시넷 신청 여부를 확인하고 주의사항을 안내할 수 있습니다.

서비스 미리보기

만 2세의 영아 승객의 경우, 항공사에 따라 영아 안전벨트(婴儿安全带 yīng'ér ānquándài)와 영아 안전 좌석 시트(婴儿安全座椅 yīng'ér ānquán zuòyǐ)를 제공합니다. 베시넷(婴儿摇篮 yīng'ér yáolán) 서비스는 탑승 48시간 전까지 신청하면 사용 가능하며, 키 75cm, 몸무게 11kg 미만의 영아 승객에게만 제공됩니다. 승무원은 이착륙 시 영아 안전벨트 착용을 도와야 하며, 베시넷은 지상에서 신청 리스트를 확인하고 이륙 후 설치해 드립니다.

〈영아 안전벨트 착용 방법 안내〉 Track 3-4-1

乘务员　您好，姜先生。宝贝多大了？
Nín hǎo, Jiāng xiānsheng. Bǎobèi duō dà le?

乘　客　快一岁了[1]。
Kuài yī suì le.

乘务员　我知道了。我给您准备婴儿安全带。
Wǒ zhīdao le. Wǒ gěi nín zhǔnbèi yīng'ér ānquándài.

〈잠시 후〉

乘务员　起飞和降落时需要给宝贝系的。
Qǐfēi hé jiàngluò shí xūyào gěi bǎobèi jì de.

我告诉您怎么系。
Wǒ gàosu nín zěnme jì.

这样先把大人的安全带从婴儿安全带的环里穿过去，
Zhèyàng xiān bǎ dàren de ānquándài cóng yīng'ér ānquándài de huán li chuān guòqu,

然后[2]系上婴儿安全带就可以了。
ránhòu jìshang yīng'ér ānquándài jiù kěyǐ le.

乘　客　好的，谢谢您。
Hǎode, xièxie nín.

[1] '곧 ~할 것이다'라는 뜻으로 어떤 상황이나 동작이 곧 발생함을 나타냅니다. 快와 了 사이에 동사나 수사+양사가 올 수 있으며, 비슷한 표현으로는 '快要…了', '就要…了'가 있습니다.

[2] '먼저 ~하고, 그다음에 ~하다'라는 뜻으로, 동작의 선후 관계를 나타냅니다.

Track 3-4-2

단어

宝贝 bǎobèi 圆 아기 | 婴儿 yīng'ér 圆 영아 | 安全带 ānquándài 圆 안전벨트 | 降落 jiàngluò 圄 착륙하다 | 系 jì 圄 매다, 묶다 | 这样 zhèyàng 圃 이렇게, 이와 같이 | 大人 dàren 圆 성인, 어른 | 环 huán 圆 고리 | 穿 chuān 圄 (구멍이나 틈을) 통과하다, 뚫고 지나가다

승무원	안녕하십니까, 강 선생님. 아기는 몇 살입니까?
승 객	곧 한 살입니다.
승무원	알겠습니다. 영아 안전벨트를 준비해 드리겠습니다.
	〈잠시 후〉
승무원	이착륙 시 아기에게 착용해 주시기 바랍니다.
	제가 어떻게 착용하는지 알려 드리겠습니다.
	먼저 성인 안전벨트를 영아 안전벨트의 고리 부분으로 통과시켜 주십시오.
	그다음에 영아 안전벨트를 채워 주시면 됩니다.
승 객	네, 감사합니다.

문장연습

先…然后…。
Xiān … ránhòu ….
먼저 ~하고, 그다음에 ~하다.

先

	然后	
去北京 qù Běijīng 베이징에 가다	去上海 qù Shànghǎi 상하이에 가다	먼저 베이징에 가고, 그다음에 상하이에 가요.
吃饭 chīfàn 밥을 먹다	喝咖啡 hē kāfēi 커피를 마시다	먼저 밥을 먹고, 그다음에 커피를 마셔요.
发入境卡 fā rùjìngkǎ 입국 신고서를 배부하다	发海关申报单 fā hǎiguān shēnbàodān 세관 신고서를 배부하다	먼저 입국 신고서를 배부하고, 그다음에 세관 신고서를 배부합니다.

〈베시넷 신청 확인〉 🎙 Track 3-4-4

乘务员　您好，金先生。
　　　　Nín hǎo, Jīn xiānsheng.

　　　　您是不是申请了婴儿摇篮?
　　　　Nín shì bu shì shēnqǐng le yīng'ér yáolán?

乘　客　是的，我申请了。
　　　　Shì de, wǒ shēnqǐng le.

乘务员　请问宝贝的身高和体重是多少呢?
　　　　Qǐngwèn bǎobèi de shēngāo hé tǐzhòng shì duōshao ne?

乘　客　个子是70厘米。体重是14斤[1]。
　　　　Gèzi shì qīshí límǐ. Tǐzhòng shì shísì jīn.

乘务员　谢谢您的配合。
　　　　Xièxie nín de pèihé.

　　　　您的宝贝可以使用婴儿摇篮。
　　　　Nín de bǎobèi kěyǐ shǐyòng yīng'ér yáolán.

　　　　我们将在起飞以后给您安装婴儿摇篮。
　　　　Wǒmen jiāng zài qǐfēi yǐhòu gěi nín ānzhuāng yīng'ér yáolán.

乘　客　好的，知道了。谢谢。
　　　　Hǎode, zhīdao le. Xièxie.

> [1] 중국인들은 公斤보다는 斤을 많이 사용합니다. 2斤은 1kg이라는 것을 기억해 두세요!
> · 厘米 límǐ 센티미터(cm)
> · 斤 jīn 근(1근= 500g)
> · 公斤 gōngjīn 킬로그램(kg)

🎙 Track 3-4-5

단어

申请 shēnqǐng 통 신청하다 | 婴儿摇篮 yīng'ér yáolán 명 영아 베시넷, 유아용 요람 | 身高 shēngāo 명 신장, 키 | 体重 tǐzhòng 명 몸무게 | 多少 duōshao 대 얼마, 몇 | 个子 gèzi 명 키 | 厘米 límǐ 양 센티미터(cm) | 斤 jīn 양 근(500g) | 安装 ānzhuāng 통 설치하다, 고정하다

승무원	안녕하세요, 김 선생님.
	영아 베시넷 신청하셨죠?
승 객	네, 신청했습니다.
승무원	아기의 키와 몸무게가 얼마나 되는지 여쭤 봐도 될까요?
승 객	키는 70cm이고, 몸무게는 7kg입니다.
승무원	협조해 주셔서 감사합니다.
	손님의 아기는 베시넷을 사용할 수 있습니다.
	이륙 후에 베시넷 설치를 도와 드리겠습니다.
승 객	네, 알겠습니다. 감사합니다.

문장연습

…是多少呢?　～는 얼마나 됩니까?
… shì duōshao ne?

今天客人 Jīntiān kèrén 오늘 승객		오늘 승객은 얼마나 됩니까?
餐食一共 Cānshí yígòng 식사는 모두	是多少呢?	식사는 모두 얼마나 있습니까?
拐杖的长度 Guǎizhàng de chángdù 지팡이의 길이		지팡이의 길이는 얼마나 됩니까?

〈베시넷 사용 시 주의 사항〉 🎙 Track 3-4-7

〈이륙 후〉

乘务员　您好，婴儿摇篮已经给您安装好了。
Nín hǎo, yīng'ér yáolán yǐjing gěi nín ānzhuāng hǎo le.

摇篮里边盖一下毛毯和枕头宝宝就会更[1]舒服一些。
Yáolán lǐbian gài yíxià máotǎn hé zhěntou bǎobao jiù huì gèng shūfu yìxiē.

乘　客　好的，我自己有带毛毯。
Hǎode, wǒ zìjǐ yǒu dài máotǎn.

乘务员　这是宝宝的摇篮安全带。
Zhè shì bǎobao de yáolán ānquándài.

宝宝在摇篮里睡觉的时候必须把拉链拉好。
Bǎobao zài yáolán li shuìjiào de shíhou bìxū bǎ lāliàn lāhǎo.

而且要头朝里，脚朝外。
Érqiě yào tóu cháo lǐ, jiǎo cháo wài.

乘　客　好的，知道了。
Hǎode, zhīdao le.

乘务员　如果遇到飞机颠簸，您得把宝宝抱起来。
Rúguǒ yùdào fēijī diānbǒ, nín děi bǎ bǎobao bào qǐlai.

乘　客　好的，我会的。谢谢。
Hǎode, wǒ huì de. Xièxie.

[1] '훨씬', '한층 더'의 뜻으로, 정도가 더 높음을 의미합니다. 更 뒤에 형용사가 오며 그 뒤에는 양사 一点, 一些를 수반하기도 합니다. 'A+比+B+更+술어'의 형식으로 비교문에서도 사용할 수 있습니다.

🎙 Track 3-4-8

단어

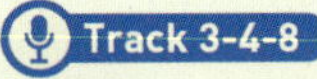

已经 yǐjing 🔹 이미, 벌써 | 盖 gài 🔹 덮다, 뒤덮다 | 毛毯 máotǎn 🔹 모포, 담요 | 枕头 zhěntou 🔹 베개 | 宝宝 bǎobao 🔹 아기 | 更 gèng 🔹 더욱, 훨씬 | 舒服 shūfu 🔹 쾌적하다, 편하다, 안락하다 | 一些 yìxiē 🔹 약간, 조금 | 睡觉 shuìjiào 🔹 자다 | 必须 bìxū 🔹 반드시 ～해야 한다, 꼭 ～해야 한다 | 拉链 lāliàn 🔹 지퍼 | 拉 lā 🔹 당기다, 끌다 | 朝 cháo 🔹 ～을 향하여, ～쪽으로 | 遇到 yùdào 🔹 만나다, 마주치다 | 颠簸 diānbǒ 🔹 흔들리다, 요동하다 | 得 děi 🔹 ～해야 한다 | 抱 bào 🔹 안다, 포옹하다

〈이륙 후〉

승무원 안녕하세요. 베시넷 설치가 다 되었습니다.

베시넷 안에 담요와 베개를 놓으면 아기가 훨씬 더 편안할 거예요.

승 객 네, 제가 가져온 담요가 있습니다.

승무원 이것은 아기의 베시넷 안전벨트입니다.

아기가 베시넷 안에서 잘 때는 지퍼를 반드시 잠가 주세요.

그리고 아기의 머리는 안쪽으로, 다리는 바깥쪽으로 눕히시면 됩니다.

승 객 네, 알겠습니다.

승무원 만약 비행기가 흔들릴 경우에는 손님께서 아기를 안아 주셔야 합니다.

승 객 네, 그렇게 하겠습니다. 감사합니다.

문장연습

🎤 Track 3-4-9

…已经给您安装好了。 ~ 설치가 다 되었습니다.
… yǐjing gěi nín ānzhuāng hǎo le.

婴儿安全座椅
Yīng'ér ānquán zuòyǐ
영아 안전 좌석 시트

영아 안전 좌석 시트 설치가 다 되었습니다.

婴儿安全带
Yīng'ér ānquándài
영아 안전벨트

已经给您安装好了。

영아 안전벨트 설치가 다 되었습니다.

婴儿车
Yīng'érchē
유모차

유모차 설치가 다 되었습니다.

영아 승객 돌보기

영아 승객을 돌보는 것도 승무원의 중요한 업무 중 하나입니다. 비행 중 지치기 쉬운 영아 승객의 안전하고 즐거운 비행을 위해서 항공사에서는 만 2세 미만의 영아에게 여러 가지 서비스를 제공하고 있습니다.
영유아를 동반한 승객은 우선 탑승하며, 이착륙 시에는 승무원이 안전벨트 착용을 도와 드립니다. 이륙 후 안전벨트 사인이 꺼지면 사전 신청 고객에 한하여 베시넷을 설치해 드리며 착륙 전 분리하여 회수합니다.
아기 젖병을 뜨거운 물로 헹궈 드리거나 분유를 타기 위한 따뜻한 물을 제공해 드리기도 합니다.
그럼 영아 승객의 안전하고 즐거운 비행을 위해서 승무원이 사용할 수 있는 여러 가지 중국어 표현을 배워 보겠습니다.

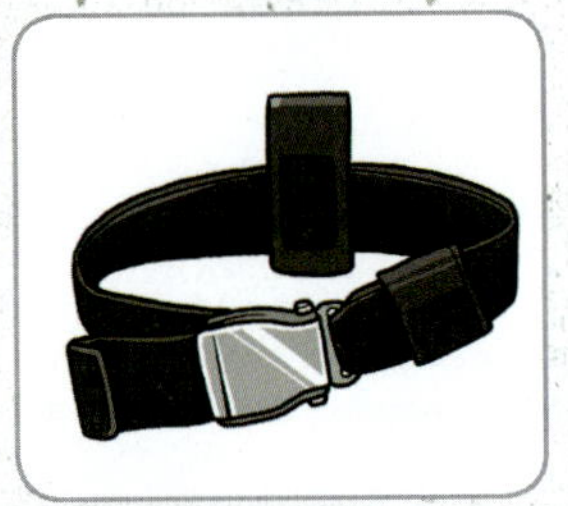

我帮您系一下婴儿安全带。
Wǒ bāng nín jì yíxià yīng'ér ānquándài.
영아 안전벨트 착용을 도와 드리겠습니다.

我给您安装一下婴儿安全座椅。
Wǒ gěi nín ānzhuāng yíxià yīng'ér ānquán zuòyǐ.
영아 안전 좌석 시트 설치를 도와 드리겠습니다.

我帮您把奶瓶用热水洗一洗。
Wǒ bāng nín bǎ nǎipíng yòng rèshuǐ xǐ yi xǐ.
젖병을 뜨거운 물로 씻어 드릴게요.

您需要奶瓶里加温水吗?
Nín xūyào nǎipíng li jiā wēnshuǐ ma?
젖병에 따뜻한 물을 넣어 드릴까요?

我给您安装一下婴儿摇篮。
Wǒ gěi nín ānzhuāng yíxià yīng'ér yáolán.
영아 베시넷 설치를 도와 드리겠습니다.

입국 신고서와 세관 신고서

入境卡及海关申报单

▶ **학습 목표**

입국 신고서와 세관 신고서를 제공하고 작성 방법을 안내할 수 있습니다.
한국의 세관 규정을 안내할 수 있습니다.

서비스 미리보기

한국으로 입국하는 내국인의 경우, 입국 신고서(入境卡 rùjìngkǎ)는 작성하지 않아도 되며, 외국인 등록증 소지자를 제외하고 모두 작성해야 합니다. 세관 신고서는 12세 이상의 내외국인 모두 작성해야 하며, 가족일 경우 가족당 한 부만 작성하면 됩니다. 또한 입국 신고서는 단거리 노선일 경우 주로 이륙하기 전 지상에서 서비스하며, 중장거리 노선일 경우 이륙 후 서비스합니다.

〈외국인 등록증이 있는 경우〉 🎤 Track 3-5-1

〈한국으로 입국하는 경우〉

乘务员　您好，现在我们给您提供入境卡服务。
Nín hǎo, xiànzài wǒmen gěi nín tígōng rùjìngkǎ fúwù.

这是为您准备的入境卡和海关申报单。
Zhè shì wèi nín zhǔnbèi de rùjìngkǎ hé hǎiguān shēnbàodān.

乘　客　谢谢。
Xièxie.

我有外国人登录证，还需要填写入境卡吗？
Wǒ yǒu wàiguórén dēnglùzhèng, hái xūyào tiánxiě rùjìngkǎ ma?

乘务员　您不用，只要填写海关申报单就可以了。
Nín búyòng, zhǐyào tiánxiě hǎiguān shēnbàodān jiù kěyǐ le.

乘　客　好的，谢谢。
Hǎode, xièxie.

🎤 Track 3-5-2

단어

提供 tígōng 동 제공하다 | 入境卡 rùjìngkǎ 명 입국 신고서 | 准备 zhǔnbèi 동 준비하다 | 海关 hǎiguān 명 세관 | 申报单 shēnbàodān 명 신고서 | 外国人登录证 wàiguórén dēnglùzhèng 명 외국인 등록증 | 填写 tiánxiě 동 (일정 양식에) 써 넣다, 기입하다

〈한국으로 입국하는 경우〉

승무원   안녕하세요, 지금부터 입국 신고서 서비스를 시작하겠습니다.

여기 입국 신고서와 세관 신고서를 준비해 드리겠습니다.

승 객   감사합니다.

제가 외국인 등록증이 있는데, 입국 신고서를 작성해야 하나요?

승무원   작성하지 않으셔도 됩니다. 세관 신고서만 작성해 주시면 됩니다.

승 객   알겠습니다. 감사합니다.

문장연습

现在我们给您提供…服务。
Xiànzài wǒmen gěi nín tígōng … fúwù.

지금부터 ～서비스를 시작하겠습니다.

现在我们给您提供　　**服务。**

餐饮
cānyǐn
식음료

지금부터 식음료 서비스를
시작하겠습니다.

免税品销售
miǎnshuìpǐn xiāoshòu
면세품 판매

지금부터 면세품 판매
서비스를 시작하겠습니다.

途中小吃
túzhōng xiǎochī
(비행 중에 제공하는) 간식

지금부터 간식 서비스를
시작하겠습니다.

〈한국 세관 규정 안내〉 🎤 Track 3-5-4

乘 客　您好！
Nín hǎo!

请问，韩国海关规定有哪些?
Qǐngwèn, Hánguó hǎiguān guīdìng yǒu nǎxiē?

乘务员　您好。
Nín hǎo.

韩国入境时可以携带一瓶酒，200根[1]香烟。
Hánguó rùjìng shí kěyǐ xiédài yì píng jiǔ, liǎngbǎi gēn xiāngyān.

乘 客　好的，我们是一个家庭填写一张海关申报单吗?
Hǎode, wǒmen shì yí ge jiātíng tiánxiě yì zhāng hǎiguān shēnbàodān ma?

乘务员　是的，如您有疑问请随时找我们乘务员。
Shì de, rú nín yǒu yíwèn qǐng suíshí zhǎo wǒmen chéngwùyuán.

[1] 담배나 연필 같은 가는 막대 모양의 물건을 세는 양사입니다. 양사는 '수사+양사+명사'의 순서로 사용합니다.

🎤 Track 3-5-5

단어

规定 guīdìng 명 규정, 규칙 | 入境 rùjìng 통 입국하다 | 携带 xiédài 통 휴대하다, 지니다 | 根 gēn 양 대, 개피 | 香烟 xiāngyān 명 담배 | 家庭 jiātíng 명 가정, 가족 | 张 zhāng 양 장 | 疑问 yíwèn 명 의문, 의혹

승 객	안녕하세요!
	한국의 세관 규정에는 어떤 것들이 있죠?
승무원	안녕하세요.
	한국에 입국하실 때는 술 한 병과 담배 200개피까지 휴대하실 수 있습니다.
승 객	알겠습니다. 저희는 한 가족인데요, 세관 신고서는 한 장만 쓰면 되나요?
승무원	네, 그렇습니다. 또 궁금하신 점이 있으시면 언제든지 저희 승무원을 찾아
	주세요.

문장연습

…规定有哪些? ～규정에는 어떤 것들이 있죠?
… guīdìng yǒu nǎxiē?

中国海关 Zhōngguó hǎiguān 중국 세관		중국 세관 규정에는 어떤 것들이 있죠?
美国海关 Měiguó hǎiguān 미국 세관	**规定有哪些?**	미국 세관 규정에는 어떤 것들이 있죠?
日本海关 Rìběn hǎiguān 일본 세관		일본 세관 규정에는 어떤 것들이 있죠?

〈비자 종류에 따른 안내〉 Track 3-5-7

乘 客　请问，我需要填写入境卡吗?
Qǐngwèn, wǒ xūyào tiánxiě rùjìngkǎ ma?

乘务员　您是个签❶还是❷团签❸?
Nín shì gè qiān háishi tuán qiān?

乘 客　我是自由行。
Wǒ shì zìyóuxíng.

乘务员　那您需要填写入境卡和海关申报单。
Nà nín xūyào tiánxiě rùjìngkǎ hé hǎiguān shēnbàodān.

乘 客　我没有申报的东西就不用填了吧?
Wǒ méiyǒu shēnbào de dōngxi jiù búyòng tián le ba?

乘务员　您没有申报的东西也要填写海关申报单。
Nín méiyǒu shēnbào de dōngxi yě yào tiánxiě hǎiguān shēnbàodān.

乘 客　好的，我明白了。谢谢。
Hǎode, wǒ míngbai le. Xièxie.

乘务员　不用客气。
Búyòng kèqi.

❶ 个签은 个人旅游签证 gèrén lǚyóu qiānzhèng의 줄임말입니다.

❷ 접속사 还是를 사용해 두 개 혹은 그 이상에서 적당한 것을 선택하는 선택 의문문을 만들 수 있습니다.

❸ 团签은 团体旅游签证 tuántǐ lǚyóu qiānzhèng의 줄임말입니다. 단체 비자의 경우 입출국 신고서를 작성하지 않아도 되며, 입국 시 단체 비자 표시 통로에서 입국 수속을 받으면 됩니다.

Track 3-5-8

단어

个签 gè qiān 개인 비자 | **还是** háishi 웹 또는, 아니면 | **团签** tuán qiān 단체 비자 | **自由行** zìyóuxíng 자유 여행 | **申报** shēnbào 图 (세관에) 신고하다 | **东西** dōngxi 명 물건, 사물

승 객	말씀 좀 여쭙겠습니다. 제가 입국 신고서를 써야 하나요?
승무원	개인 비자이신가요, 아니면 단체 비자이신가요?
승 객	저는 자유 여행을 왔습니다.
승무원	그럼 입국 신고서와 세관 신고서를 작성하셔야 합니다.
승 객	저는 신고할 물건이 없는데 작성 안 해도 되죠?
승무원	신고할 물건이 없으셔도 세관 신고서는 작성하셔야 합니다.
승 객	네, 알겠습니다. 감사합니다.
승무원	천만에요.

문장연습

我需要…吗? 제가 ~해야 하나요?
Wǒ xūyào … ma?

	预订房间 yùdìng fángjiān 방을 예약하다		제가 방을 예약해야 하나요?
我需要	准备文件 zhǔnbèi wénjiàn 서류를 준비하다	吗?	제가 서류를 준비해야 하나요?
	穿制服 chuān zhìfú 유니폼을 입다		제가 유니폼을 입어야 하나요?

입국 신고서 작성하기

승무원은 해당 비행의 입국 서류 지식을 숙지하고 있어야 합니다. 입국 신고서(入境卡 rùjìngkǎ)의 경우 한국에 입국하는 내국인은 작성하지 않아도 되지만 외국인은 작성해야 하며, 세관 신고서(海关申报单 hǎiguān shēnbàodān)의 경우에는 내외국인 모두 세관 신고 물품이 없더라도 작성해야 합니다. 가족은 대표로 한 명만 작성하면 됩니다. 중국도 내국인은 입국 신고서를 작성하지 않고 외국인만 작성하며, 세관 신고서는 세관에 신고할 물품이 있는 내외국인만 작성하면 됩니다. 16세 이하의 동반자가 있는 경우에는 대표로 한 명만 작성해도 됩니다. 아래에서 중국 입국 신고서에 나온 중국어를 알아봅시다.

外国人入境卡
ARRIVAL CARD

请交边防检查官员查验
For Immigration clearance

❶ 姓 Family name
❷ 名 Given names
❸ 国籍 Nationality
❹ 护照号码 Passport No.
❺ 在华住址 Intended Address in China
❻ 男 Male　**女** Female
❼ 出生日期 Date of birth　年year 月Month 日Day
❽ 入境事由(只能填写一项) Purpose of visit (one only)
❾ 签证号码 Visa No.
❿ 会议/商务 Conference/Business
⓫ 访问 Visit
⓬ 观光/体闲 Sightseeing/in leisure
⓭ 签证签发地 Place of Visa Issuance
⓮ 探亲访友 Visiting friends or relatives
⓯ 就业 Employment
⓰ 学习 Study
⓱ 航班号/船名/车次 Flight No./Ship's name/Train No.
⓲ 返回常住地 Return home
⓳ 定居 Settle down
⓴ 其他 others
㉑ 以上申明真实准确。 I hereby declare that statement given above is true and accurate.
㉒ 签名 Signature

---

❶ 姓 xìng 성

❷ 名 míng 이름

❸ 国籍 guójí 국적

❹ 护照号码 hùzhào hàomǎ 여권 번호

❺ 在华住址 zài huá zhùzhǐ 중국 내 체류 주소

❻ 男/女 nán/nǚ 남/여

❼ 出生日期 chūshēng rìqī 생년월일

❽ 入境事由 rùjìng shìyóu 입국 목적

❾ 签证号码 qiānzhèng hàomǎ 비자 번호

❿ 会议/商务 huìyì/shāngwù 회의/비즈니스

⓫ 访问 fǎngwèn 방문

⓬ 观光/休闲 guānguāng/xiūxián 관광/여행

⓭ 签证签发地 qiānzhèng qiānfādì 비자 발급지

⓮ 探亲访友 tànqīn fǎngyǒu 친지방문

⓯ 就业 jiùyè 취업

⓰ 学习 xuéxí 공부

⓱ 航班号 hángbānhào 항공편명

船名 chuánmíng 선박명

车次 chēcì 열차명

⓲ 返回常住地 fǎnhuí chángzhùdì 거주지로 귀국

⓳ 定居 dìngjū 이주

⓴ 其他 qítā 기타

㉑ 以上申明真实准确。

Yǐshàng shēnmíng zhēnshí zhǔnquè.

상기 신고서 내용은 사실과 같습니다.

㉒ 签名 qiānmíng 서명

06

기내 안전 검사

机上安全检查

▶ **학습 목표**

이륙 전 기내 안전 검사를 진행할 수 있습니다.
승객에게 기내 안전 규정을 설명할 수 있습니다.

서비스 미리보기

승무원의 가장 큰 역할은 승객의 안전을 책임지는 일이며, 안전이 보장되었을 때 승객을 향한 서비스가 빛을 발하게 됩니다. 비행 과정 중 가장 중요한 순간은 비행기가 이착륙할 때이며, 이때 승무원은 승객의 안전을 위해 안전 검사(安全检查 ānquán jiǎnchá)를 진행합니다. 안전 검사가 끝나면 갤리 용품 고정 및 화장실 설비 체크 후 승무원 좌석(乘务员座席 chéngwùyuán zuòxí, JUMP SEAT)에 앉아 이착륙을 대기합니다.

〈안전벨트 착용 및 익스텐션벨트 제공〉 Track 3-6-1

乘务员　先生，我们的飞机快要起飞了[1]，请您系好安全带。
Xiānsheng, wǒmen de fēijī kuàiyào qǐfēi le, qǐng nín jìhǎo ānquándài.

乘　客　乘务员，请问一下。
Chéngwùyuán, qǐngwèn yíxià.

我太胖了。可能系不了[2]这个安全带。
Wǒ tài pàng le. Kěnéng jì bu liǎo zhège ānquándài.

像我这样的人怎么系安全带呢?
Xiàng wǒ zhèyàng de rén zěnme jì ānquándài ne?

乘务员　先生，您不用担心。
Xiānsheng, nín búyòng dānxīn.

飞机上配备有加长安全带[3]。
Fēijī shang pèibèi yǒu jiācháng ānquándài.

请您稍微等一下，我马上给您拿。
Qǐng nín shāowēi děng yíxià, wǒ mǎshàng gěi nín ná.

〈잠시 후〉

乘务员　先生，这是给您的安全带。
Xiānsheng, zhè shì gěi nín de ānquándài.

您可以自行调节长短。
Nín kěyǐ zìxíng tiáojié chángduǎn.

乘　客　好的，谢谢你。
Hǎode, xièxie nǐ.

Track 3-6-2

[1] '곧 ~하려 한다', '곧 ~할 것이다'의 의미로, 어떤 상황이나 동작이 곧 발생함을 나타냅니다.

[2] '동사＋不了'는 가능보어의 부정형으로 무언가가 불가능함을 표현합니다.

예) 受不了 shòu bu liǎo 참을 수 없다
拿不了 ná bu liǎo 가져갈 수 없다
动不了 dòng bu liǎo 움직일 수 없다

[3] 加长安全带는 길이를 연장할 수 있는 익스텐션벨트를 의미합니다. 승객이 주동적으로 벨트를 요청하는 경우를 제외하고, 승무원이 승객에게 필요한지 물을 때는 승객이 불쾌하지 않도록 센스 있게 제공해야 합니다.

단어

胖 pàng 혱 (몸이) 뚱뚱하다 | 可能 kěnéng 倶 아마도, 아마 | 像 xiàng 동 ~와 같다 | 配备 pèibèi 동 갖추다 | 加长安全带 jiācháng ānquándài 몡 익스텐션벨트 | 自行 zìxíng 倶 스스로, 직접 | 调节 tiáojié 동 조절하다 | 长短 chángduǎn 몡 길이, 치수

승무원	손님, 저희 비행기는 곧 이륙합니다. 안전벨트를 착용해 주십시오.
승 객	승무원님, 여쭤 볼 것이 있습니다.
	제가 너무 뚱뚱해서 이 안전벨트를 착용할 수 없을 것 같습니다.
	저 같은 사람은 어떻게 안전벨트를 착용하나요?
승무원	손님, 걱정하실 필요 없습니다.
	비행기에 익스텐션벨트가 준비되어 있습니다.
	잠시만 기다려 주시면 제가 바로 가져다 드리겠습니다.
	〈잠시 후〉
승무원	손님, 여기 익스텐션벨트입니다.
	이 벨트는 직접 길이를 조절하실 수 있습니다.
승 객	네, 감사합니다.

문장연습

Track 3-6-3

请您···。 　　〜해 주시기 바랍니다.
Qǐng nín ….

请您	**收起小桌板** shōuqǐ xiǎozhuōbǎn 테이블을 접다	。	테이블을 접어 주시기 바랍니다.
	打开遮光板 dǎkāi zhēguāngbǎn 창문 커튼을 열다		창문 커튼을 열어 주시기 바랍니다.
	调直座椅靠背 tiáozhí zuòyǐ kàobèi 의자 등받이를 세우다		의자 등받이를 세워 주시기 바랍니다.

〈좌석 이동 승객〉 🎤 Track 3-6-4

乘 客　乘务员，坐我旁边那位先生的脚有点臭。
Chéngwùyuán, zuò wǒ pángbiān nà wèi xiānsheng de jiǎo yǒudiǎn chòu.

我想调换座位，可以吗?
Wǒ xiǎng diàohuàn zuòwèi, kěyǐ ma?

真受不了。
Zhēn shòu bu liǎo.

乘务员　先生，我们的飞机马上就要起飞了。
Xiānsheng, wǒmen de fēijī mǎshàng jiùyào qǐfēi le.

为了您的安全，先回座位系好安全带。
Wèile nín de ānquán, xiān huí zuòwèi jìhǎo ānquándài.

起飞之后我立刻给你安排座位。好吗?
Qǐfēi zhīhòu wǒ lìkè gěi nǐ ānpái zuòwèi. Hǎo ma?

乘 客　好的，谢谢。
Hǎode, xièxie.

❶ '～를 위해서'라는 뜻으로 목적을 나타 냅니다. 문장에서 부사어 역할을 하여 문장 전체를 수식합니다.

🎤 Track 3-6-5

단어

脚 jiǎo 몡 발 | 臭 chòu 혱 (냄새가) 고약하다, 지독하다 | 调换 diàohuàn 됭 맞바꾸다, 교환하다 | 受不了 shòu bu liǎo 됭 참을 수 없다 | 马上 mǎshàng 면 곧, 즉시 | 回 huí 됭 돌아가다 | 立刻 lìkè 면 즉시

승 객	승무원님, 제 옆 좌석에 앉으신 분의 발 냄새가 좀 고약해요.
	제가 좌석을 좀 옮겨도 될까요?
	정말 참을 수가 없습니다.
승무원	손님, 저희 비행기는 곧 이륙합니다.
	손님의 안전을 위해 먼저 좌석으로 돌아가셔서 안전벨트를 착용해 주십시오.
	이륙 후에 제가 바로 좌석을 배정해 드리겠습니다. 괜찮으시겠습니까?
승 객	알겠습니다. 감사합니다.

 Track 3-6-6

我们的···马上就要＋동사＋了。　저희 ～가 곧 ～(동사)합니다.
Wǒmen de ··· mǎshàng jiùyào ＋동사＋ le.

| 我们的 | 活动
huódòng
프로모션

晚会
wǎnhuì
파티

列车
lièchē
열차 | 马上就要 | 结束
jiéshù
끝나다

开始
kāishǐ
시작하다

出发
chūfā
출발하다 | 了。 | 저희 프로모션이
곧 끝납니다.

저희 파티가
곧 시작합니다.

저희 열차는
곧 출발합니다. |

〈휴대전화 및 보조 배터리 사용 안내〉 🎙 Track 3-6-7

乘务员 您好，我们的飞机快要起飞了。
Nín hǎo, wǒmen de fēijī kuàiyào qǐfēi le.

您先把手机调到飞行模式吧。
Nín xiān bǎ shǒujī tiáodào fēixíng móshì ba.

乘　客 我有急事在跟我同事发短信，马上调！
Wǒ yǒu jíshì zài gēn wǒ tóngshì fā duǎnxìn, mǎshàng tiáo!

乘务员 然后充电宝在飞机上不能充电。
Ránhòu chōngdiànbǎo zài fēijī shang bù néng chōngdiàn.

使用充电宝会造成安全隐患。
Shǐyòng chōngdiànbǎo huì zàochéng ānquán yǐnhuàn.

为了保证大家的安全，请配合一下我们的工作。
Wèile bǎozhèng dàjiā de ānquán, qǐng pèihé yíxià wǒmen de gōngzuò.

乘　客 好的，问题是我的手机快没电了，怎么办?
Hǎode, wèntí shì wǒ de shǒujī kuài méi diàn le, zěnme bàn?

乘务员 在您的座椅下方有充电插座。
Zài nín de zuòyǐ xiàfāng yǒu chōngdiàn chāzuò.

请您使用充电插座充电，可以吗?
Qǐng nín shǐyòng chōngdiàn chāzuò chōngdiàn, kěyǐ ma?

乘　客 现在可以使用吗?
Xiànzài kěyǐ shǐyòng ma?

乘务员 请您起飞之后使用。
Qǐng nín qǐfēi zhīhòu shǐyòng.

❶ 在…下方은 '〜의 아래쪽'이라는 뜻으로 위치를 나타내는 표현입니다. '〜의 위쪽'은 在…上方이라고 표현합니다.

🎙 Track 3-6-8

단어

飞行模式 fēixíng móshì 몡 비행 모드 | 急事 jíshì 몡 급한 일 | 发 fā 동 보내다, 발송하다 | 短信 duǎnxìn 몡 문자 메시지 | 调 tiáo 동 조정하다, 조절하다 | 充电宝 chōngdiànbǎo 몡 보조 배터리 | 充电 chōngdiàn 동 충전하다 | 造成 zàochéng 동 초래하다, 야기하다 | 隐患 yǐnhuàn 몡 (겉으로 드러나지 않은) 폐해 | 保证 bǎozhèng 동 보장하다 | 配合 pèihé 동 협동하다, 협조하다 | 插座 chāzuò 몡 콘센트 | 使用 shǐyòng 동 사용하다

승무원	안녕하세요, 저희 비행기는 곧 이륙합니다.
	먼저 휴대전화를 비행 모드로 설정해 주십시오.
승 객	제가 급한 일이 있어서 동료에게 문자를 보내는 중인데, 금방 바꾸겠습니다!
승무원	그리고 비행기에서는 보조 배터리로 충전하실 수 없습니다.
	보조 배터리 사용은 안전사고의 위험이 있습니다.
	모든 승객의 안전을 위해 안전 검사에 협조 부탁드립니다.
승 객	알겠습니다. 그런데 제 휴대전화 배터리가 거의 없는데 어떡하죠?
승무원	손님 좌석 아래에 충전 콘센트가 있습니다.
	충전 콘센트를 사용하시겠습니까?
승 객	지금 사용해도 됩니까?
승무원	이륙 후에 사용해 주십시오.

문장연습

现在可以使用…吗?
Xiànzài kěyǐ shǐyòng … ma?   지금 ~를 사용해도 됩니까?

现在可以使用

充电宝 chōngdiànbǎo 보조 배터리	지금 보조 배터리를 사용해도 됩니까?
智能手表 zhìnéng shǒubiǎo 스마트 워치	지금 스마트 워치를 사용해도 됩니까?
电脑 diànnǎo 컴퓨터	지금 컴퓨터를 사용해도 됩니까?

吗?

All about 안전 검사

비행기의 안전한 이착륙과 승객의 안전을 위해 승무원의 세심한 안전 검사(安全检查 ānquán jiǎnchá)는 필수입니다. 안전 검사 시 사용할 수 있는 기내 설비와 전자기기들의 명칭을 배워 앞에서 배운 회화문과 함께 응용해 봅시다.

❶ 遮光板 zhēguāngbǎn 창문 커튼

❷ 充电插座 chōngdiàn chāzuò 충전 콘센트

❸ USB接口 USB jiēkǒu USB 연결 포트

❹ 杯垫 bēidiàn 컵 받침

❺ 小桌板 xiǎozhuōbǎn 테이블

❻ 笔记本 bǐjìběn 노트북

❼ 平板电脑 píngbǎn diànnǎo 태블릿 PC

❽ 充电线 chōngdiànxiàn 충전 케이블

❾ 充电宝 chōngdiànbǎo 보조 배터리
(=移动电源 yídòng diànyuán)

❿ 智能手机 zhìnéng shǒujī 스마트폰

⓫ 座椅扶手 zuòyǐ fúshou 좌석 팔걸이

⓬ 座椅下方 zuòyǐ xiàfāng 좌석 아래

⓭ 脚踏板 jiǎotàbǎn 발 받침대

⓮ 安全带 ānquándài 안전벨트

Tip 안전 검사 시 사용할 수 있는 동사 표현

拔下 bá xià 图 뽑다, 빼다 | 收起 shōuqǐ 图 접다 | 使用 shǐyòng 图 사용하다 | 系 jì 图 묶다, 매다 | 关闭 guānbì 图 닫다 | 打开 dǎkāi 图 열다

1. 다음 단어를 올바른 순서로 배열하고 병음을 쓰세요.

① 영아 안전벨트를 준비해 드리겠습니다.

| 给 | 我 | 准备 | 您 | 婴儿安全带 |

문장 → ______________________________

병음 → ______________________________

② 손님 좌석 아래에 충전 콘센트가 있습니다.

| 您 | 的 | 座椅 | 有 | 在 | 下方 | 充电插座 |

문장 → ______________________________

병음 → ______________________________

2. 다음 주어진 단어를 활용하여 대화를 연습해 보세요.

乘务员　我想和您确认一下特餐。
Wǒ xiǎng hé nín quèrèn yíxià tècān.

乘　客　我预订了一份海鲜特餐。
Wǒ yùdìng le yí fèn hǎixiān tècān.

| 纯素餐
chúnsùcān
서양채식 | 水果餐
shuǐguǒcān
과일식 | 婴儿餐
yīng'ércān
영아식 |

3. 본문 내용을 활용하여 다음 승객의 말에 알맞게 대답해 보세요.

승　객　我有外国人登录证，还需要填写入境卡吗?

승무원 ______________________________

flight Episode

승객과 나눈 쪽지

　　인천－베이징 노선의 단거리 비행에서의 일이었습니다. 인천에서 폭설이 내려 지상에 비행기가 이륙할 수 없었고, 약 1시간 뒤에 이륙 준비를 할 수 있다는 기장님의 지시에 승무원들은 오랜 시간 기다린 승객들에게 음료 서비스를 시작했습니다. 한 승객에게 "어떤 음료를 준비해 드릴까요?"라고 여쭤 보았지만, 그 승객은 아무 말없이 저에게 종이쪽지를 주셨습니다. 저는 '혹시 이륙 지연 때문에 화가 나서 쓴 컴플레인 쪽지는 아닐까?', '오늘 서비스에 불편함을 느끼셨나?' 하는 걱정스러운 생각으로 종이쪽지를 펼쳐 보았습니다.

> 您好，我是聋哑人。
> Nín hǎo, wǒ shì lóngyǎrén.
> 안녕하세요. 저는 청각장애인입니다.
>
> 请问，飞机为什么不起飞？有什么事吗？是因为下雪吗？
> Qǐngwèn, fēijī wèishéme bù qǐfēi? Yǒu shéme shì ma? Shì yīnwèi xiàxuě ma?
> 실례지만 왜 비행기가 이륙하지 않나요? 무슨 일이 있나요? 눈이 와서 그런가요?
>
> 我还要转机。晚上8点的飞机。能赶上吗？
> Wǒ hái yào zhuǎnjī. Wǎnshang bā diǎn de fēijī. Néng gǎnshàng ma?
> 제가 환승도 해야 합니다. 저녁 8시 비행기인데 탈 수 있을까요?

　　종이쪽지를 보는 순간 마음이 뭉클했고, '왜 승객 한 분 한 분에게 더 관심을 기울이지 못했을까' 하고 후회가 되었습니다. 얼른 가방에서 종이를 꺼내 승객이 궁금해하시는 내용에 대한 답변과 혹시 더 필요하신 건 없으신지 종이에 써 내려 갔습니다. 그리고 종이쪽지를 예쁘게 접어 승객에게 전달했습니다. 그렇게 그 승객과 몇 번의 쪽지를 주고 받으며, 불편하신 점이 없도록 최선을 다했습니다. 그분으로 인해 다시 한번 승무원으로 일하게 된 것이 기쁘고 자랑스러웠습니다.

chapter
4
이륙 후 서비스
起飞后服务

01

식사 전 서비스
餐前服务

▶ 학습 목표

이륙 후 식사 전에 이루어지는 서비스를 할 수 있습니다.
식사 서비스 시 발생하는 여러 가지 상황에 대처할 수 있습니다.

서비스 미리보기

이륙 후 비행기가 안전고도에 다다르면, 승무원은 승객이 기내에서 편히 쉴 수 있는 환경이 되었는지를 체크하며, 엔터테인먼트 시스템을 이용하려는 승객에게 이어폰을 제공합니다. 또한, 담요나 쿠션을 제공하는 등 승객이 편안한 휴식을 취할 수 있도록 최선을 다해야 합니다.

〈이어폰 사용 안내 및 고장 시 응대〉 Track 4-1-1

乘务员　有需要耳机的客人吗?
Yǒu xūyào ěrjī de kèrén ma?

乘　客　我这儿要一个。
Wǒ zhèr yào yí ge.

请问一下，耳机插孔在哪儿?
Qǐngwèn yíxià, ěrjī chākǒng zài nǎr?

乘务员　在您屏幕下方。
Zài nín píngmù xiàfāng.

乘　客　谢谢。
Xièxie.

〈잠시 후〉

乘　客　乘务员，这耳机怎么没有声音?
Chéngwùyuán, zhè ěrjī zěnme méiyǒu shēngyīn?

乘务员　是吗? 我试一下，好吗?
Shì ma? Wǒ shì yíxià, hǎo ma?

〈잠시 후〉

乘务员　抱歉，这耳机好像坏了，我给您换一个新的吧。
Bàoqiàn, zhè ěrjī hǎoxiàng huài le, wǒ gěi nín huàn yí ge xīn de ba.

Track 4-1-2

단어

耳机 ěrjī 몡 이어폰 | **客人** kèrén 몡 손님 | **插孔** chākǒng 몡 콘센트, 구멍 | **屏幕** píngmù 몡 스크린 | **下方** xiàfāng 몡 아래쪽 | **怎么** zěnme 때 어째서, 왜 | **声音** shēngyīn 몡 소리 | **好像** hǎoxiàng 뿐 마치 ~과 같다 | **坏** huài 됭 고장 나다, 망가지다 | **换** huàn 됭 바꾸다, 교체하다

승무원	이어폰 필요하신 손님 계신가요?
승 객	저 여기 하나 주세요.
	말씀 좀 여쭐게요. 이어폰은 어디에 꽂나요?
승무원	스크린 아래쪽에 있습니다.
승 객	감사합니다.
	〈잠시 후〉
승 객	승무원님, 이 이어폰은 왜 소리가 들리지 않나요?
승무원	그렇습니까? 제가 한번 들어 봐도 될까요?
	〈잠시 후〉
승무원	죄송합니다, 이 이어폰은 고장 난 것 같습니다. 제가 새것으로 바꿔 드리겠습니다.

문장연습

这…好像坏了。 이 ~은 고장 난 것 같습니다.
Zhè … hǎoxiàng huài le.

	屏幕 píngmù 스크린		이 스크린은 고장 난 것 같습니다.
这	**遥控器** yáokòngqì 리모컨	**好像坏了。**	이 리모컨은 고장 난 것 같습니다.
	座椅 zuòyǐ 좌석		이 좌석은 고장 난 것 같습니다.

〈담요 및 쿠션 제공〉 🎙 Track 4-1-4

乘　客　我要一条毛毯。
Wǒ yào yì tiáo máotǎn.

乘务员　好的，马上！
Hǎode, mǎshàng!

〈잠시 후〉

乘　客　乘务员！我还是觉得有点冷，而且我的儿子感冒了。
Chéngwùyuán! Wǒ háishi juéde yǒudiǎn lěng, érqiě wǒ de érzi gǎnmào le.

我怕他感冒更严重。
Wǒ pà tā gǎnmào gèng yánzhòng.

乘务员　那我再给您一条毛毯吧。怎么样？
Nà wǒ zài gěi nín yì tiáo máotǎn ba. Zěnmeyàng?

乘　客　谢谢。对了！我的腰不太舒服。
Xièxie. Duì le! Wǒ de yāo bú tài shūfu.

你能给我一个枕头[1]吗？
Nǐ néng gěi wǒ yí ge zhěntou ma?

乘务员　可以的。我马上拿过来。
Kěyǐ de. Wǒ mǎshàng ná guòlai.

[1] 베개는 일반적으로 枕头 zhěntou를 가장 많이 사용하지만, 세부적인 용도에 따라 靠枕 kàozhěn, 靠垫 kàodiàn, 背垫 bèidiàn 등이 쓰이기도 합니다.

🎙 Track 4-1-5

단어

条 tiáo 〔양〕 장 | 毛毯 máotǎn 〔명〕 모포, 담요 | 还是 háishi 〔부〕 여전히 | 冷 lěng 〔형〕 춥다 | 感冒 gǎnmào 〔동〕 감기에 걸리다 | 严重 yánzhòng 〔형〕 심각하다, 매우 심하다 | 对了 duì le 〔감탄〕 아 참! | 腰 yāo 〔명〕 허리 | 舒服 shūfu 〔형〕 쾌적하다, 편하다, 안락하다 | 枕头 zhěntou 〔명〕 베개

승 객	저 담요 하나만 주세요.
승무원	네, 바로 준비해 드리겠습니다!
	〈잠시 후〉
승 객	승무원님! 아직도 조금 춥네요. 게다가 제 아들이 감기에 걸렸어요. 감기가 더 심해질까 봐 걱정이에요.
승무원	그럼 제가 담요를 한 장 더 준비해 드려도 괜찮겠습니까?
승 객	감사합니다. 아 참! 제가 허리가 좀 불편해서요. 쿠션 하나만 주실 수 있나요?
승무원	가능합니다. 제가 바로 가져다 드리겠습니다.

我怕…。
Wǒ pà ….
~할까 봐 걱정입니다.

我怕	您不满意 nín bù mǎnyì 당신이 만족하지 않다	。	당신이 만족하지 않을까 봐 걱정입니다.
	您不开心 nín bù kāixīn 당신이 기쁘지 않다		당신이 기쁘지 않을까 봐 걱정입니다.
	我买不到票 wǒ mǎi bu dào piào 나는 표를 살 수 없다		제가 표를 살 수 없을까 봐 걱정입니다.

〈독서등 사용 안내〉 🎙 **Track 4-1-7**

乘　客　**你来帮我一下吧！**
Nǐ lái bāng wǒ yíxià ba!

乘务员　**有什么需要我帮您吗?**
Yǒu shénme xūyào wǒ bāng nín ma?

乘　客　**客舱有点儿黑，我不小心把我的水全洒在枕头上了。**
Kècāng yǒudiǎnr hēi, wǒ bù xiǎoxīn bǎ wǒ de shuǐ quán sǎ zài zhěntou shang le.

　　　　能不能先给我换一个枕头? 然后来一点餐巾纸吧。
Néng bu néng xiān gěi wǒ huàn yí ge zhěntou? Ránhòu lái yìdiǎn cānjīnzhǐ ba.

乘务员　**好的。**
Hǎode.

〈잠시 후〉

乘务员　**这是给您的餐巾纸。**
Zhè shì gěi nín de cānjīnzhǐ.

　　　　因为夜航飞行，我们通常会调暗客舱灯光。
Yīnwèi yèháng fēixíng, wǒmen tōngcháng huì tiáo àn kècāng dēngguāng.

　　　　要不我给您打开阅读灯[1]，怎么样?
Yàobù wǒ gěi nín dǎkāi yuèdúdēng, zěnmeyàng?

乘　客　**原来是这样! 谢谢你。**
Yuánlái shì zhèyàng! Xièxie nǐ.

❶ 야간 비행의 경우 승객의 안락한 휴식을 위해 객실 조명을 어둡게 조절합니다. 승무원은 승객의 편의를 위해 객실을 돌아다니며 승객의 독서등을 켜주기도 합니다.

🎙 **Track 4-1-8**

단어

黑 hēi 휑 어둡다, 어두컴컴하다 | 小心 xiǎoxīn 동 조심하다, 주의하다 | 洒 sǎ 동 엎지르다 | 餐巾纸 cānjīnzhǐ 명 냅킨 | 因为 yīnwèi 접 왜냐하면 | 夜航飞行 yèháng fēixíng 야간 비행 | 通常 tōngcháng 명 보통 | 调 tiáo 동 조정하다, 조절하다 | 暗 àn 휑 어둡다 | 灯光 dēngguāng 명 조명, 불빛 | 要不 yàobù 접 그렇지 않으면 | 阅读灯 yuèdúdēng 명 독서등

승 객	저 좀 도와주세요!
승무원	어떤 도움이 필요하십니까?
승 객	객실이 조금 어두워서 실수로 쿠션에 물을 전부 엎질렀어요.
	먼저 쿠션 좀 바꿔 주실 수 있나요? 그리고 냅킨 좀 가져다주세요.
승무원	알겠습니다.
	〈잠시 후〉
승무원	여기 냅킨 준비해 드리겠습니다.
	야간 비행이기 때문에 보통 객실 조명을 어둡게 조절합니다.
	아니면 제가 독서등을 켜 드려도 되겠습니까?
승 객	아, 그렇군요! 감사합니다.

🎙 Track 4-1-9

来一点⋯吧。 ～좀 가져다주세요.
Lái yìdiǎn ⋯ ba.

来一点	咖啡 kāfēi 커피	吧。	커피 좀 가져다주세요.
	可乐 kělè 콜라		콜라 좀 가져다주세요.
	果汁 guǒzhī 주스		주스 좀 가져다주세요.

혹시 담요 말씀이십니까?

한국인 승무원이 중국인 승객에게 서비스하기 위해 가장 필요한 능력은 무엇일까요? 척하면 척! 바로 승객이 무엇을 원하는지 알아내는 센스입니다. 13억 인구의 중국인들은 담요를 요청할 때도 각양각색의 표현을 사용하지만, 승객이 요구하는 것과 기내에 탑재된 물건의 역할을 한 번 더 생각해 보면 승객이 원하는 것이 무엇인지를 단번에 알아낼 수 있습니다. 중국어를 모국어로 쓰지 않는 한국인 승무원은 모든 단어가 생소할 수밖에 없습니다. 모르는 단어도 한 번 더 생각해 보고 승객이 원하는 것을 센스 있게 제공하는 승무원이 되어 봅시다.

● **담요를 뜻하는 단어**

毯子 tǎnzi 담요

毛毯 máotǎn 담요

被子 bèizi 이불

毛巾 máojīn 수건

● **베개를 뜻하는 단어**

枕头 zhěntou 베개

靠垫 kàodiàn 쿠션

靠枕 kàozhěn 쿠션

背垫 bèidiàn 등 쿠션

颈枕 jǐngzhěn 목 베개

Tip 기내에서 가장 많이 쓰는 긍정 표현

好的 hǎode 알겠습니다 | 没问题 méi wèntí 문제 없습니다 | 可以的 kěyǐ de 가능합니다 | 当然 dāngrán 당연하죠 | 必须的 bìxū de 물론입니다

02

음료 서비스

饮料服务

▶ **학습 목표**

음료의 종류를 안내하고 추천할 수 있습니다.
음료 서비스 시 승객의 요청에 따른 적절한 서비스를 할 수 있습니다.
와인을 추천할 수 있습니다.

서비스 미리보기

음료 서비스 시 따뜻한 음료나 차, 커피는 승객이 데이지 않도록 주의해야 하며, 승객이 컵을 잘 건네받을 수 있도록 컵의 밑 부분을 잡아 전달합니다. 와인을 제공할 때는 생수 한 잔을 같이 제공합니다. 음료 서비스는 승무원이 본격적으로 승객과 대화를 하고 교감을 나누는 순간이기 때문에 상냥한 말투와 따뜻한 표정으로 서비스해야 합니다.

〈음료 종류 안내〉 🎙 Track 4-2-1

乘务员　请问，您喝点儿什么饮料？
Qǐngwèn, nín hē diǎnr shénme yǐnliào?

乘　客　都有什么饮料呢？
Dōu yǒu shénme yǐnliào ne?

乘务员　我们为您准备了矿泉水、橙汁、苹果汁、热茶和咖啡。
Wǒmen wèi nín zhǔnbèi le kuàngquánshuǐ、chéngzhī、píngguǒzhī、rèchá hé kāfēi.

乘　客　给我来一杯橙汁吧。
Gěi wǒ lái yì bēi chéngzhī ba.

乘务员　给您橙汁。您还需要别的饮料吗？
Gěi nín chéngzhī. Nín hái xūyào biéde yǐnliào ma?

乘　客　我有点冷，再要一杯热茶吧。都有什么茶？
Wǒ yǒudiǎn lěng, zài yào yì bēi rèchá ba. Dōu yǒu shénme chá?

乘务员　今天有乌龙茶、龙井茶、绿茶、普洱茶、红茶和菊花茶。
Jīntiān yǒu wūlóngchá、lóngjǐngchá、lǜchá、pǔ'ěrchá、hóngchá hé júhuāchá.

乘　客　我要一杯菊花茶。
Wǒ yào yì bēi júhuāchá.

乘务员　好的。请您小心烫[1]。
Hǎode. Qǐng nín xiǎoxīn tàng.

> [1] 뜨거운 음료를 서비스할 때 승객이 음료를 엎질러 데지 않도록 주의를 기울여야 합니다. 다른 표현도 알아봅시다.
> 예) 咖啡有点烫，请您拿好。
> kāfēi yǒudiǎn tàng, qǐng nín náhǎo.
> 커피가 뜨거우니 잘 받아 주십시오.

🎙 Track 4-2-2

단어

喝 hē 동 마시다 │ 饮料 yǐnliào 명 음료 │ 热茶 rèchá 명 따뜻한 차 │ 咖啡 kāfēi 명 커피 │ 乌龙茶 wūlóngchá 명 오룡차 │ 龙井茶 lóngjǐngchá 명 용정차 │ 绿茶 lǜchá 명 녹차 │ 普洱茶 pǔ'ěrchá 명 보이차 │ 红茶 hóngchá 명 홍차 │ 菊花茶 júhuāchá 명 국화차 │ 烫 tàng 형 몹시 뜨겁다

승무원	손님, 어떤 음료 드시겠습니까?
승 객	어떤 종류의 음료가 있나요?
승무원	생수, 오렌지 주스, 사과 주스, 따뜻한 차와 커피가 준비되어 있습니다.
승 객	오렌지 주스 한 잔 주세요.
승무원	오렌지 주스 준비해 드리겠습니다. 더 필요하신 음료 있으십니까?
승 객	조금 추운데 따뜻한 차 한 잔 더 주세요. 어떤 종류의 차가 있나요?
승무원	오늘은 오룽차, 용정차, 녹차, 보이차, 홍차와 국화차가 있습니다.
승 객	국화차 한 잔 주세요.
승무원	알겠습니다. 뜨거우니 조심하십시오.

문장연습

都有什么…呢?   어떤 종류의 ~가 있나요?
Dōu yǒu shénme … ne?

都有什么

红葡萄酒
hóngpútáojiǔ
레드 와인
呢?   어떤 종류의 레드 와인이 있습니까?

甜品
tiánpǐn
디저트
어떤 종류의 디저트가 있습니까?

啤酒
píjiǔ
맥주
어떤 종류의 맥주가 있습니까?

〈개인 컵 사용 승객〉 Track 4-2-4

乘务员　您好，您想喝什么饮料呢?
Nín hǎo, nín xiǎng hē shénme yǐnliào ne?

乘　客　我先不喝饮料，想喝点温水。
Wǒ xiān bù hē yǐnliào, xiǎng hē diǎn wēnshuǐ.

乘务员　好的。我先给您倒一杯吧。
Hǎode. Wǒ xiān gěi nín dào yì bēi ba.

乘　客　乘务员，我喝得比较多，恐怕一杯不够。
Chéngwùyuán, wǒ hē de bǐjiào duō, kǒngpà yì bēi búgòu.

我自己带了水杯。麻烦您倒在这水杯里。
Wǒ zìjǐ dài le shuǐbēi. Máfan nín dào zài zhè shuǐbēi li.

乘务员　没问题。请您把杯盖拧紧，以免烫伤。
Méi wèntí. Qǐng nín bǎ bēigài nǐngjǐn, yǐmiǎn tàngshāng.

> ❶ 중국인 승객들의 가장 큰 특징은 개인 컵을 항상 휴대하며 뜨거운 물을 담아 마시거나 찻잎을 우려 마신다는 것입니다. 중국인 승객이 개인 컵을 들고 있다면 먼저 다가가서 我帮您接热水吧。 Wǒ bāng nín jiē rèshuǐ ba. "뜨거운 물 좀 받아 드리겠습니다"라고 물어보는 건 어떨까요?

Track 4-2-5

단어

温水 wēnshuǐ 몡 따뜻한 물 | 比较 bǐjiào 믬 비교적 | 恐怕 kǒngpà 믬 아마 ~일 것이다 | 不够 búgòu 혱 부족하다 | 自己 zìjǐ 때 자기, 자신 | 带 dài 동 지니다, 휴대하다 | 水杯 shuǐbēi 몡 물컵, 텀블러 | 杯盖 bēigài 몡 컵 뚜껑 | 拧紧 nǐngjǐn 바짝 조이다, 꽉 죄다 | 以免 yǐmiǎn 쩹 ~하지 않도록 | 烫伤 tàngshāng 동 화상을 입다

승무원	안녕하세요, 어떤 음료를 준비해 드릴까요?
승 객	일단 음료는 안 마시고, 따뜻한 물을 마시고 싶습니다.
승무원	알겠습니다. 따뜻한 물 한 잔 먼저 준비해 드리겠습니다.
승 객	승무원님, 제가 물을 많이 마시는 편인데 한 잔으로는 부족할 것 같습니다.
	제가 물컵을 가지고 왔는데, 번거로우시겠지만 여기에 따라 주실 수 있나요?
승무원	물론이죠. 데지 않도록 뚜껑을 꼭 닫아 주십시오.

문장연습

🎙 Track 4-2-6

我自己带了…。　제가 ~를 가지고 왔습니다.
Wǒ zìjǐ dài le ….

我自己带了	牙刷 yáshuā 칫솔	。	제가 칫솔을 가지고 왔습니다.
	中午饭 zhōngwǔfàn 점심밥		제가 점심밥을 싸 왔습니다.
	一支笔 yì zhī bǐ 볼펜 한 자루		제가 볼펜 한 자루를 가지고 왔습니다.

〈영아 젖병 사용 승객〉 🎤 Track 4-2-7

乘　客　我想给我孩子喂奶。
　　　　Wǒ xiǎng gěi wǒ háizi wèinǎi.

　　　　您能帮我把这奶瓶用开水冲一冲吗?
　　　　Nín néng bāng wǒ bǎ zhè nǎipíng yòng kāishuǐ chōng yi chōng ma?

乘务员　好的。
　　　　Hǎode.

乘　客　然后再帮我往奶瓶里倒180毫升的温水，好吗?
　　　　Ránhòu zài bāng wǒ wǎng nǎipíng li dào yìbǎi bāshí háoshēng de wēnshuǐ,
　　　　hǎo ma?

乘务员　180毫升的温水，是吧? 请稍等。
　　　　Yìbǎi bāshí háoshēng de wēnshuǐ, shì ba? Qǐng shāoděng.

〈잠시 후〉

乘务员　我把奶瓶给您。
　　　　Wǒ bǎ nǎipíng gěi nín.

　　　　您先试一下温度合不合适，然后再给宝宝喝吧。
　　　　Nín xiān shì yíxià wēndù hé bu héshì, ránhòu zài gěi bǎobao hē ba.

乘　客　必须的，谢谢你。
　　　　Bìxū de, xièxie nǐ.

🎤 Track 4-2-8

❶ 젖병에 따뜻한 물을 채워 돌려 드릴 때 아기의 부모가 먼저 물의 온도가 적당한지 체크한 후 아기가 마실 수 있도록 안내합니다.

단어

喂奶 wèinǎi 〔동〕 젖을 먹이다, 우유를 먹이다 | 奶瓶 nǎipíng 〔명〕 젖병 | 冲 chōng 〔동〕 (물로) 씻어 내다 | 毫升 háoshēng 〔양〕 밀리리터(ml) | 合适 héshì 〔형〕 적당하다, 알맞다

승 객	아기에게 분유를 먹이려고 하는데요.
	이 젖병을 뜨거운 물로 좀 헹구어 주실 수 있나요?
승무원	알겠습니다.
승 객	그리고 젖병에 따뜻한 물을 180밀리리터까지 넣어 주세요.
승무원	따뜻한 물 180밀리리터 맞으시죠? 잠시만 기다려 주십시오.
	〈잠시 후〉
승무원	여기 젖병입니다.
	먼저 온도가 적당한지 체크하신 후 아기가 마실 수 있게 해 주십시오.
승 객	당연하죠. 감사합니다.

문장연습

🎤 Track 4-2-9

180毫升的…。 180밀리리터의 ～.
Yìbǎi bāshí háoshēng de ….

180毫升的	凉水 liángshuǐ 찬물	。	찬물 180밀리리터.
	开水 kāishuǐ 끓인 물		끓인 물 180밀리리터.
	冰水 bīngshuǐ 얼음물		얼음물 180밀리리터.

〈와인 서비스〉 🎙 Track 4-2-10

乘　客　我想品尝一下红葡萄酒。
Wǒ xiǎng pǐncháng yíxià hóngpútáojiǔ.

乘务员　您平时爱喝什么红葡萄酒呢?
Nín píngshí ài hē shénme hóngpútáojiǔ ne?

乘　客　我都可以。
Wǒ dōu kěyǐ.

你帮我推荐推荐，好吗?
Nǐ bāng wǒ tuījiàn tuījiàn, hǎo ma?

乘务员　好的，干红葡萄酒怎么样?
Hǎode, gàn hóngpútáojiǔ zěnmeyàng?

产自于意大利南部。
Chǎn zìyú Yìdàlì nánbù.

果香浓郁，
Guǒ xiāng nóngyù,

2006年在意大利最佳葡萄酒评选中拿了第一名。
èr líng líng liù nián zài Yìdàlì zuìjiā pútáojiǔ píngxuǎn zhōng ná le dì yī míng.

和您选的牛排很配。怎么样?
Hé nín xuǎn de niúpái hěn pèi. Zěnmeyàng?

乘　客　我试一下。
Wǒ shì yíxià.

> ❶ 〈와인 향을 나타내는 표현〉
> • 橡木桶香 xiàngmùtǒng xiāng
>   우드 향
> • 酒塞香 jiǔsāi xiāng
>   코르크 향
> • 杏仁香 xìngrén xiāng
>   견과류 향
>
> 〈대표적인 와인 품종〉
> • 霞多丽 xiáduōlì
>   샤도네이(Chardonnay)
> • 赤霞珠 chìxiázhū
>   까베르네 쇼비뇽(Cabernet Sauvignon)
> • 长相思 chángxiàngsī
>   쇼비뇽 블랑(Sauvignon Blanc)
> • 美乐 měilè
>   멀롯(Merlot)

🎙 Track 4-2-11

단어

品尝 pǐncháng 통 맛보다, 시식하다 | **红葡萄酒** hóngpútáojiǔ 명 레드 와인, 적포도주 | **平时** píngshí 명 평소, 평상시 | **爱** ài 통 ～하기를 좋아하다 | **推荐** tuījiàn 통 추천하다, 소개하다 | **产自于** chǎn zìyú ～에서 생산하다 | **意大利** Yìdàlì 지명 이탈리아 | **南部** nánbù 명 남쪽, 남부 | **果香** guǒ xiāng 과일 향 | **浓郁** nóngyù 형 짙다, 그윽하다 | **最佳** zuìjiā 형 최적이다, 가장 좋다 | **评选** píngxuǎn 통 선정하다 | **拿** ná 통 (손으로) 잡다, 쥐다 | **第一名** dì yī míng 명 1등 | **牛排** niúpái 명 스테이크 | **配** pèi 통 어울리다, 곁들이다

승 객	레드 와인을 좀 맛보고 싶습니다.
승무원	평소에 어떤 레드 와인을 즐겨 드시나요?
승 객	저는 다 괜찮습니다.
	승무원님께서 추천해 주실 수 있으신가요?
승무원	네, 드라이 레드 와인은 어떠십니까?
	산지는 이탈리아 남부인데,
	과일 향이 짙고,
	2006년 이탈리아 와인 경연에서 1등을 차지한 와인입니다.
	손님이 선택하신 스테이크와도 잘 어울립니다. 어떠십니까?
승 객	네, 한번 마셔 보겠습니다.

문장연습

您平时爱 + 동사 + 什么…呢? 평소에 어떤 ~를 즐겨 ~(동사)하시나요?
Nín píngshí ài + 동사 + shénme … ne?

您平时爱

喝
hē
마시다

看
kàn
보다

做
zuò
하다

什么

茶
chá
차

节目
jiémù
프로그램

运动
yùndòng
운동

呢?

평소 어떤 차를
즐겨 마시나요?

평소 어떤 프로그램을
즐겨 보시나요?

평소 어떤 운동을
즐겨 하시나요?

기내 음료의 종류

기내에 실리는 음료의 종류는 항공사마다 차이가 있지만, 일반적으로 가장 대중적인 음료로 이루어져 있습니다. 각종 음료를 중국어로 어떻게 말하는지 알아봅시다.

● **탄산음료 汽水** qìshuǐ

코카콜라 可口可乐 kěkǒu kělè	스프라이트 雪碧 xuěbì
펩시콜라 百事可乐 bǎishì kělè	다이어트콜라 零度可乐 língdù kělè
세븐업 七喜 qīxǐ	진저에일 干姜水 gànjiāngshuǐ

● **과일 주스 果汁** guǒzhī

오렌지 주스 橙汁 chéngzhī	알로에 주스 芦荟汁 lúhuìzhī
사과 주스 苹果汁 píngguǒzhī	복숭아 주스 桃汁 táozhī
토마토 주스 番茄汁 fānqiézhī	망고 주스 芒果汁 mángguǒzhī

● **차 茶** chá

재스민차 茉莉花 mòlìhuāchá	녹차 绿茶 lǜchá
오룽차 乌龙茶 wūlóngchá	용정차 龙井茶 lóngjǐngchá
홍차 红茶 hóngchá	말차 抹茶 mǒchá

● **커피 咖啡** kāfēi

아메리카노 美式咖啡 měishì kāfēi	블랙커피 黑咖啡 hēikāfēi
카페라떼 咖啡拿铁 kāfēi nátiě	모카라떼 摩卡拿铁 mókǎ nátiě
카푸치노 卡布奇诺 kǎbùqínuò	

● **술 酒** jiǔ

레드 와인 红葡萄酒 hóngpútáojiǔ	칭다오 맥주 青岛啤酒 Qīngdǎo píjiǔ
화이트 와인 白葡萄酒 báipútáojiǔ	옌징 맥주 燕京啤酒 Yānjīng píjiǔ
샴페인 香槟 xiāngbīn	칵테일 鸡尾酒 jīwěijiǔ
스파클링 와인 气泡酒 qìpàojiǔ	위스키 威士忌 wēishìjì

Tip 중국인이 좋아하는 냉차

중국인들은 매운 음식을 먹은 후 몸 속의 뜨거운 기운을 없애 준다는 의미로 凉茶 liángchá를 마시는 습관이 있습니다. 凉茶 liángchá는 각종 한약재를 우려 만든 시원한 차를 뜻하며, 대표 브랜드로는 王老吉 Wánglǎojí가 있습니다.

식사 서비스 1

供餐服务 1

▶ 학습 목표

기내식 메뉴를 안내할 수 있습니다.
식사 후 디저트 서비스를 할 수 있습니다.

서비스 미리보기

기내식은 지상에서 미리 조리되어 탑재되며, 이륙 후 비행기 주방(갤리)의 오븐을 이용해 해동 및 가열 과정을 거쳐 승객에게 제공됩니다. 승무원은 식사 서비스 시 승객에게 식사의 종류와 구성을 설명하고 기내식을 먹는 대상을 잘 고려하여 적절한 식사를 추천해야 합니다.

〈아침 식사〉 🎙 Track 4-3-1

乘务员　韩先生，我们现在提供早餐[1]。
Hán xiānsheng, wǒmen xiànzài tígōng zǎocān.

今天为您准备的早餐的种类有中式和西式。
Jīntiān wèi nín zhǔnbèi de zǎocān de zhǒnglèi yǒu zhōngshì hé xīshì.

中式包括白米粥、豆沙面包和水果。
Zhōngshì bāokuò báimǐzhōu、dòushā miànbāo hé shuǐguǒ.

西式包括煎鸡蛋、牛角面包和水果。
Xīshì bāokuò jiānjīdàn、niújiǎo miànbāo hé shuǐguǒ.

您选哪一种？
Nín xuǎn nǎ yì zhǒng?

乘　客　来一份中式吧。
Lái yí fèn zhōngshì ba.

乘务员　好的。请您打开小桌板。
Hǎode. Qǐng nín dǎkāi xiǎozhuōbǎn.

白米粥有点儿烫。请您小心。
Báimǐzhōu yǒudiǎnr tàng. Qǐng nín xiǎoxīn.

[1] 아침 비행의 경우, 휴식을 취하느라 식사를 하지 못하는 승객이 있습니다. 그럴 경우 승객에게 메모를 남겨 휴식 후 식사를 하실 수 있도록 준비해 드립니다.

🎙 Track 4-3-2

단어

早餐 zǎocān 명 아침 식사 ｜ 种类 zhǒnglèi 명 종류 ｜ 中式 zhōngshì 형 중국식의 ｜ 西式 xīshì 형 서양식의 ｜ 包括 bāokuò 동 포함하다 ｜ 白米粥 báimǐzhōu 명 흰쌀죽 ｜ 豆沙面包 dòushā miànbāo 명 단팥빵 ｜ 水果 shuǐguǒ 명 과일 ｜ 煎 jiān 동 (기름에) 지지다, 부치다 ｜ 牛角面包 niújiǎo miànbāo 명 크루아상 ｜ 份 fèn 양 세트, 개

승무원	한 선생님, 아침 식사를 준비해 드리겠습니다.
	오늘 아침 식사로 중식과 양식이 준비되어 있습니다.
	중식에는 흰쌀죽, 단팥빵과 과일이 있으며,
	양식에는 오믈렛, 크루아상과 과일이 있습니다.
	어떤 것으로 하시겠습니까?
승 객	중식으로 하나 주세요.
승무원	네, 알겠습니다. 테이블을 펴 주시기 바랍니다.
	흰쌀죽이 다소 뜨거우니 조심하십시오.

문장연습

🎙 **Track 4-3-3**

주어＋包括 …、… 和 …。 ～(주어)에는 ～, ～와 ～가 있습니다.
주어 + bāokuò …、… hé ….

护肤品 Hùfūpǐn 기초 화장품		化妆水、乳液和精华 huàzhuāngshuǐ、rǔyè hé jīnghuá 스킨, 로션과 에센스	기초 화장품에는 스킨, 로션과 에센스가 있습니다.
彩妆品 Cǎizhuāngpǐn 색조 화장품	包括	眼影、腮红和唇膏 yǎnyǐng、sāihóng hé chúngāo 아이섀도, 블러셔와 립스틱	색조 화장품에는 아이섀도, 블러셔와 립스틱이 있습니다.
化妆工具 Huàzhuāng gōngjù 화장 도구		粉扑、睫毛夹和镊子 fěnpū、jiémáojiā hé nièzi 퍼프, 뷰러와 족집게	화장 도구에는 퍼프, 뷰러와 족집게가 있습니다.

〈점심·저녁 식사〉 🎤 Track 4-3-4

乘务员　请问，您用餐吗？
Qǐngwèn, nín yòngcān ma?

我们现在提供午餐，
Wǒmen xiànzài tígōng wǔcān,

今天的午餐有鸡肉丸子配米饭和胡椒牛肉炒面。
jīntiān de wǔcān yǒu jīròu wánzi pèi mǐfàn hé hújiāo niúròu chǎomiàn.

您选哪一种？
Nín xuǎn nǎ yì zhǒng?

乘　客　我要一份牛肉炒面，还要一份鸡肉丸子配米饭给我女儿。
Wǒ yào yí fèn niúròu chǎomiàn, hái yào yí fèn jīròu wánzi pèi mǐfàn gěi wǒ nǚ'ér.

乘务员　好的。但鸡肉丸子偏辣。我担心您的女儿吃不了。
Hǎode. Dàn jīròu wánzi piān là. Wǒ dānxīn nín de nǚ'ér chī bu liǎo.

乘　客　是吗？那两份都要牛肉炒面吧。
Shì ma? Nà liǎng fèn dōu yào niúròu chǎomiàn ba.

乘务员　好的。请您慢用。
Hǎode. Qǐng nín màn yòng.

🎤 Track 4-3-5

단어

用餐 yòngcān 동 식사를 하다 | 提供 tígōng 동 제공하다 | 午餐 wǔcān 명 점심 식사, 점심밥 | 鸡肉 jīròu 명 닭고기 | 丸子 wánzi 명 완자 | 米饭 mǐfàn 명 쌀밥 | 胡椒 hújiāo 명 후추 | 牛肉 niúròu 명 소고기 | 炒面 chǎomiàn 명 볶음면 | 偏 piān 형 치우치다, 쏠리다 | 辣 là 형 맵다 | 担心 dānxīn 동 걱정하다, 염려하다 | 慢用 màn yòng 천천히 먹다, 많이 먹다

승무원	손님, 식사하시겠습니까?
	점심 준비해 드리겠습니다.
	오늘 점심은 닭고기 완자와 쌀밥과 후추가 들어간 소고기 볶음면입니다.
	어떤 걸로 하시겠습니까?
승 객	소고기 볶음면 한 개 주시고 제 딸이 먹게 닭고기 완자와 쌀밥도 한 그릇 주세요.
승무원	알겠습니다. 그런데 닭고기 완자가 조금 매운 편이라 따님이 매워서 못 드실까 봐 걱정입니다.
승 객	그래요? 그럼 둘 다 소고기 볶음면으로 주세요.
승무원	알겠습니다. 맛있게 드십시오.

문장연습

🎤 Track 4-3-6

我要…，还要…。 ~주시고 ~도 주세요.
Wǒ yào …, hái yào ….

我要	餐巾纸 cānjīnzhǐ 냅킨	，还要	一杯水 yì bēi shuǐ 물 한 잔	。	냅킨 주시고 물 한 잔도 주세요.
	化妆水 huàzhuāngshuǐ 스킨		一个保湿面霜 yí ge bǎoshī miànshuāng 수분크림 한 개		스킨 주시고 수분크림도 한 개 주세요.
	毛毯 máotǎn 담요		枕头 zhěntou 베개		담요 주시고 베개도 주세요.

〈디저트〉 🎙 Track 4-3-7

乘务员 金先生，我们提供餐后点心服务。
Jīn xiānsheng, wǒmen tígōng cān hòu diǎnxīn fúwù.

今天为您准备的点心有纽约芝士蛋糕和提拉米苏蛋糕。
Jīntiān wèi nín zhǔnbèi de diǎnxīn yǒu Niǔyuē zhīshì dàngāo hé tílāmǐsū dàngāo.

饮料有气泡葡萄酒、咖啡和茶。
Yǐnliào yǒu qìpào pútáojiǔ、kāfēi hé chá.

您喜欢哪一种？
Nín xǐhuan nǎ yì zhǒng?

乘 客 每顿菜都非常适合我的口味，
Měi dùn cài dōu fēicháng shìhé wǒ de kǒuwèi,

而且你们的服务态度也不错。
érqiě nǐmen de fúwù tàidù yě búcuò.

但我饱了，再也吃不下了，谢谢。
Dàn wǒ bǎo le, zài yě chī bu xià le, xièxie.

乘务员 谢谢您的夸奖[1]。
Xièxie nín de kuājiǎng.

有需要什么帮助随时跟我们乘务员联系。
Yǒu xūyào shénme bāngzhù suíshí gēn wǒmen chéngwùyuán liánxì.

🎙 Track 4-3-8

❶ 승객에게 칭찬을 받았을 때 답하는 표현입니다. 이외에도 다음과 같이 답할 수 있습니다.
예) 您过奖了。
Nín guòjiǎng le.
과찬이십니다.
哪里哪里。
Nǎli nǎli.
천만에요.

단어

点心 diǎnxīn 몡 간식, 디저트 ｜ **纽约** Niǔyuē 지명 뉴욕 ｜ **芝士** zhīshì 몡 치즈 ｜ **蛋糕** dàngāo 몡 케이크 ｜ **提拉米苏** tílāmǐsū 몡 티라미수 ｜ **气泡** qìpào 몡 기포, 거품 ｜ **适合** shìhé 동 적합하다 ｜ **口味** kǒuwèi 몡 입맛, 기호 ｜ **而且** érqiě 접 게다가 ｜ **饱** bǎo 형 배부르다 ｜ **夸奖** kuājiǎng 동 과장하다

승무원 김 선생님, 식사 후 디저트 준비해 드리겠습니다.

오늘 준비된 디저트는 뉴욕 치즈 케이크와 티라미수 케이크입니다.

음료는 스파클링 와인, 커피와 차가 있습니다.

어떤 것으로 하시겠습니까?

승 객 매끼 제 입맛에 너무 잘 맞고,

게다가 서비스도 무척 마음에 듭니다.

하지만 제가 배불러서 더는 못 먹을 것 같아요. 감사합니다.

승무원 칭찬해 주셔서 감사합니다.

언제든지 도움이 필요하시면 저희 승무원에게 말씀해 주십시오.

문장연습

再也…了。 더 이상 ～할 수 없어요.
Zài yě … le.

再也

忍不住
rěn bu zhù
참을 수 없다

더 이상 참을 수 없어요.

走不动
zǒu bu dòng
움직일 수 없다

了。

더 이상 움직일 수 없어요.

受不了
shòu bu liǎo
참을 수 없다

더 이상 참을 수 없어요.

이름만 들어도 상상이 되는 중국 음식

오늘 준비된 메뉴는 糖醋里脊配米饭 tángcùlǐjǐ pèi mǐfàn입니다. 어떤 맛일지 상상이 되시나요? 우선 단어를 살펴보겠습니다. 糖 táng 설탕, 醋 cù 식초, 里脊 lǐjǐ 등심, 配 pèi 곁들이다, 米饭 mǐfàn 쌀밥입니다. 즉, 설탕과 식초를 곁들인 새콤달콤한 등심 요리와 흰쌀밥입니다. 중국 음식의 종류는 중국인들도 다 모를 만큼 지역마다, 또 마을마다 그 종류가 매우 다양합니다. 중국 음식의 이름은 기본적으로 재료, 조리법, 맛을 나타내는 단어를 조합하여 이름을 지어냈기 때문에 이름만 들어도 어떤 음식인지를 대강 알 수 있습니다. 조리법과 음식 맛을 나타내는 중국어를 익혀 자신있게 중국 음식을 소개해 봅시다.

酸辣汤
suānlàtāng
시큼하고 매운 탕

凉拌木耳
liángbàn mù'ěr
목이버섯 무침

西红柿炒鸡蛋
xīhóngshì chǎo jīdàn
토마토 계란 볶음

辣子鸡
làzǐjī
매운 닭 요리

● **조리법**

煎 jiān 지지다 예) 煎饺 jiānjiǎo 군만두

炸 zhá 튀기다 예) 炸酱面 zhájiàngmiàn 짜장면

炒 chǎo 볶다 예) 扬州炒饭 Yángzhōu chǎofàn 양저우식 볶음밥
　　　　　　　　西红柿炒鸡蛋 xīhóngshì chǎo jīdàn 토마토 계란 볶음

烤 kǎo 굽다 예) 烤串儿 kǎochuànr 꼬치구이

煮 zhǔ 끓이다 예) 水煮白菜 shuǐzhǔ báicài 배추를 넣고 끓인 요리

拌 bàn 버무리다 예) 凉拌木耳 liángbàn mù'ěr 목이버섯 무침

炖 dùn 푹 삶다 예) 土豆炖牛腩 tǔdòu dùn niúnǎn 감자와 양지머리를 찐 요리

● **맛**

酸 suān 시큼하다, 새콤하다 예) 酸辣汤 suānlàtāng 시큼하고 매운 탕

辣 là 맵다 예) 辣子鸡 làzǐjī 매운 닭 요리

甜 tián 달다 예) 甜辣酱 tiánlàjiàng 달고 매운 소스

咸 xián 짜다 예) 咸菜 xiáncài 장아찌

麻 má 얼얼하다 예) 麻辣豆腐 málà dòufu 맵고 얼얼한 두부 요리

04

식사 서비스 2
供餐服务 2

▶ **학습 목표**

특별 기내식 서비스에 대해 안내할 수 있습니다.
식사 서비스 시 발생하는 여러 가지 상황에 대처할 수 있습니다.

서비스 미리보기

식사 서비스 시에도 다양한 특수 상황을 접할 수 있습니다. 기내식 수량이 부족해 원하는 기내식을 선택하지 못했을 경우 다른 식사를 추천해 드리고, 두 번째 식사 때는 먼저 선택할 수 있도록 도와 드립니다. 특별 기내식을 신청하지 않았는데 찾는 승객이 계신다면, 기내에 탑재된 다른 기내식이 있는지 확인합니다. 또한 기내식이 입맛에 맞지 않을 경우, 음식의 맛을 조절할 수 있는 조미료를 제공합니다.

〈특별 기내식 안내〉 🎙 Track 4-4-1

乘　客　请问一下，我吃素，不吃肉。有素餐吗?
Qǐngwèn yíxià, wǒ chīsù, bù chī ròu. Yǒu sùcān ma?

乘务员　您提前预订了吗?
Nín tíqián yùdìng le ma?

乘　客　我没预订。
Wǒ méi yùdìng.

乘务员　我们航空公司提供特餐服务。
Wǒmen hángkōng gōngsī tígōng tècān fúwù.

我们航空公司提供特餐服务。
您提前按照您的需求预订的话，
Nín tíqián ànzhào nín de xūqiú yùdìng dehuà,

我们会在机上提供的。
wǒmen huì zài jīshang tígōng de.

乘　客　好的。我下次试一下。
Hǎode. Wǒ xiàcì shì yíxià.

乘务员　今天我尽量帮您找一下没有肉的吧。
Jīntiān wǒ jǐnliàng bāng nín zhǎo yíxià méiyǒu ròu de ba.

乘　客　谢谢你。
Xièxie nǐ.

🎙 Track 4-4-2

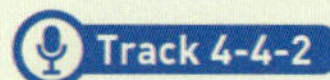 단어

吃素 chīsù 图 채식하다 | 提前 tíqián 图 앞당기다 | 预订 yùdìng 图 예약하다 | 需求 xūqiú 圀 수요, 필요 | 尽量 jǐnliàng 囝 가능한 한, 되도록

승 객	실례합니다. 제가 채식을 해서 육류를 먹지 않는데 채식이 있나요?
승무원	사전에 예약하셨습니까?
승 객	예약 안 했습니다.
승무원	저희 항공사는 특별 기내식 서비스를 제공하고 있습니다.
	기호에 맞게 사전에 예약하시면,
	저희가 기내에서 준비해 드립니다.
승 객	알겠습니다. 다음에 한번 시도해 보겠습니다.
승무원	오늘은 제가 가능한 한 육류가 없는 식사를 찾아보도록 하겠습니다.
승 객	감사합니다.

Track 4-4-3

我们航空公司提供…服务。
Wǒmen hángkōng gōngsī tígōng … fúwù.

저희 항공사는 ~서비스를 제공하고 있습니다.

我们航空公司提供

生日蛋糕
shēngrì dàngāo
생일 케이크

机上咖啡拉花
jīshang kāfēi lāhuā
기내 라떼아트

机上体验传统文化
jīshang tǐyàn chuántǒng wénhuà
기내 전통문화 체험

服务。

저희 항공사는
생일 케이크 서비스를
제공하고 있습니다.

저희 항공사는
기내 라떼아트 서비스를
제공하고 있습니다.

저희 항공사는
기내 전통문화 체험
서비스를 제공하고
있습니다.

〈식사가 부족할 경우〉 🎤 Track 4-4-4

乘务员　今天的餐食有鱼香茄子配米饭，西红柿炒鸡蛋面。
Jīntiān de cānshí yǒu yúxiāng qiézi pèi mǐfàn, xīhóngshì chǎo jīdàn miàn.

〈잠시 후〉

乘　客　我要一份鱼香茄子配米饭。
Wǒ yào yí fèn yúxiāng qiézi pèi mǐfàn.

乘务员　实在抱歉，您选的餐食已经发完了。
Shízài bàoqiàn, nín xuǎn de cānshí yǐjing fāwán le.

不过西红柿炒鸡蛋面的味道挺不错的，您可以试一下。
Búguò xīhóngshì chǎo jīdàn miàn de wèidao tǐng búcuò de, nín kěyǐ shì yíxià.

乘　客　我知道西红柿炒鸡蛋面很好吃，
Wǒ zhīdao xīhóngshì chǎo jīdàn miàn hěn hǎochī,

但吃一份面条肯定不够。
dàn chī yí fèn miàntiáo kěndìng búgòu.

乘务员　那我再多给您一份面条和面包可以吗❶？
Nà wǒ zài duō gěi nín yí fèn miàntiáo hé miànbāo kěyǐ ma?

乘　客　那好吧。我尝一尝。
Nà Hǎo ba. Wǒ cháng yi cháng.

🎤 Track 4-4-5

❶ 승객이 기내식의 양이 부족하다고 할 경우, 기내식이 남았으면 식사를, 남지 않았으면 빵을 추가로 더 제공해 줍니다.
예) 我们有富余的餐食。
Wǒmen yǒu fùyú de cānshí.
여분의 식사가 있습니다.
我们有多余的面包。
Wǒmen yǒu duōyú de miànbāo.
여분의 빵이 있습니다.

단어

餐食 cānshí 몡 식사 ｜ 鱼香茄子 yúxiāng qiézi 어향 소스로 만든 가지 요리 ｜ 西红柿炒鸡蛋面 xīhóng shì chǎo jīdàn miàn 토마토 계란 볶음면 ｜ 实在 shízài 톈 정말로, 참으로 ｜ 抱歉 bàoqiàn 동 미안해하다, 죄송합니다 ｜ 味道 wèidao 몡 맛 ｜ 面条 miàntiáo 몡 면 ｜ 肯定 kěndìng 톈 확실히, 틀림없이

승무원	오늘 식사는 어향 가지 덮밥과 토마토 계란 볶음면입니다.
	〈잠시 후〉
승 객	저는 어향 가지 덮밥으로 하겠습니다.
승무원	정말 죄송합니다만, 선택하신 식사는 이미 서비스가 다 되었습니다.
	토마토 계란 볶음면의 맛이 정말 좋은데 한번 드셔 보시겠습니까?
승 객	토마토 계란 볶음면이 맛있는 건 저도 잘 알지만,
	면 하나는 분명 부족할 것 같아서요.
승무원	그럼 제가 면과 빵을 더 준비해 드려도 되겠습니까?

문장연습

🎙 **Track 4-4-6**

您选的…已经…了。 선택하신 ～는 이미 ～했습니다.
Nín xuǎn de … yǐjing … le.

您选的		已经		了。	
	东西 dōngxi 물건		下单 xiàdān 주문하다		선택하신 물건은 이미 주문이 들어갔습니다.
	化妆品 huàzhuāngpǐn 화장품		卖完 màiwán 다 팔리다		선택하신 화장품은 이미 품절입니다.
	航班 hángbān 항공편		没有座位 méiyǒu zuòwèi 좌석이 없다		선택하신 항공편은 이미 좌석이 없습니다.

〈기타 요구〉 🎙 Track 4-4-7

乘 客　乘务员！您能帮我一下吗？
Chéngwùyuán! Nín néng bāng wǒ yíxià ma?

乘务员　有什么需要我帮您吗？
Yǒu shénme xūyào wǒ bāng nín ma?

乘 客　这菜对我来说有点淡。有盐吗？
Zhè cài duì wǒ láishuō yǒudiǎn dàn. Yǒu yán ma?

乘务员　有点淡，是吧？我马上给您提供。
Yǒudiǎn dàn, shì ba? Wǒ mǎshàng gěi nín tígōng.

〈잠시 후〉

乘务员　先生，给您盐。
Xiānsheng, gěi nín yán.

不知道您会不会喜欢，我还为您准备了榨菜❶。
Bù zhīdào nín huì bu huì xǐhuān, wǒ hái wèi nín zhǔnbèi le zhàcài.

希望您满意。
Xīwàng nín mǎnyì.

乘 客　非常感谢。
Fēicháng gǎnxiè.

❶ 한국에 김치가 있다면 중국에는 榨菜 zhàcài가 있습니다. 한국에서는 '짜사이' 혹은 '자차이'라고 부릅니다. 승객이 음식의 간이 싱겁다고 하면 소금이나 榨菜를 서비스해 주는 것도 좋은 방법입니다.

🎙 Track 4-4-8

단어

对…来说 duì … láishuō 〜에게 있어서, 〜의 입장에서 보면 | 淡 dàn 휑 싱겁다 | 盐 yán 명 소금 | 榨菜 zhàcài 명 자차이 | 满意 mǎnyì 휑 만족하다 | 感谢 gǎnxiè 통 감사하다, 고맙다

승 객	승무원님! 저 좀 도와주실 수 있나요?
승무원	어떤 도움이 필요하십니까?
승 객	이 요리가 저한테는 조금 싱거운데, 소금 있습니까?
승무원	약간 싱거우십니까? 제가 바로 준비해 드리겠습니다.
	〈잠시 후〉
승무원	손님, 소금 여기 있습니다.
	좋아하실지는 잘 모르겠지만, 자차이도 같이 준비했습니다.
	만족하시길 바랍니다.
승 객	정말 감사합니다.

문장연습

希望您…。 (당신이) ~하시길 바랍니다.
Xīwàng nín ….

希望您	一路平安 yílù píng'ān 가시는 길에 편안하다	。	편안한 여행이 되시길 바랍니다.
	成功 chénggōng 성공하다		성공하시길 바랍니다.
	安全到达 ānquán dàodá 안전하게 도착하다		안전하게 도착하시길 바랍니다.

기내식 메뉴판

일부 항공사에서는 이코노미 클래스의 서비스 향상을 위해 이코노미 승객에게도 기내식 메뉴판을 제공하고 있습니다. 단거리 노선일 경우에는 간단한 식사나 간식 정도만 제공되므로 별도의 메뉴판이 제공되지 않지만, 장거리 노선일 경우에는 두 번 이상의 기내식과 간식이 제공되므로 기내식 메뉴판을 제공합니다. 자, 그럼 이코노미석 기내식 메뉴판에 대해서 알아봅시다.

正餐 zhèngcān	정찬
开胃小吃 [1] kāiwèi xiǎochī **烟** [2] **三文鱼火龙果串** yān sānwényú huǒlóngguǒ chuàn	애피타이저 훈제 연어와 드래곤 후르츠 꼬치
沙拉 [3] shālā **季节蔬菜沙拉配千岛** [4] **汁** jìjié shūcài shālā pèi qiāndǎozhī	샐러드 사우전드 아일랜드 소스를 곁들인 계절 채소 샐러드
餐前面包 cān qián miànbāo **牛角包配果酱和黄油** niújiǎobāo pèi guǒjiàng hé huángyóu	식전 빵 크루아상과 과일 잼 및 버터
热食 rèshí **中式** zhōngshì **麻婆豆腐配白米饭** mápó dòufu pèi báimǐfàn **西式** xīshì **牛排配烤芦笋** niúpái pèi kǎo lúsǔn	주요리 중식 마파두부와 흰쌀밥 양식 스테이크와 구운 아스파라거스
甜品 tiánpǐn **芒果慕斯** [5] **蛋糕** mángguǒ mùsī dàngāo **或** huò **精选干酪** jīngxuǎn gānlào	디저트 망고 무스 케익 또는 치즈 플레이트
季节鲜水果 jìjié xiān shuǐguǒ	신선한 계절 과일

[1] 위를 여는 간단한 음식은 무엇일까요? 바로 식전에 식욕을 돋구는 음식인 애피타이저입니다.

[2] 연기와 관련된 조리법을 생각하면 알 수 있습니다. 바로 '훈제하다'라는 뜻입니다.

[3] 샐러드(salad)와 발음이 비슷하죠? 영어인 샐러드를 음역해 만든 단어입니다.

[4] 영어를 의역해 만든 단어입니다. '천개(千)의 섬(岛)'이니까 '사우전드 아일랜드'겠죠?

[5] 무스(mousse)와 발음이 비슷하죠? 영어인 무스를 음역해 만든 단어입니다.

연습문제

1. 다음 단어를 올바른 순서로 배열하고 병음을 쓰세요.

① 야간 비행이기 때문에 보통 객실 조명을 어둡게 조절합니다.

> 我们　夜航　飞行　通常　会　调暗　客舱　因为　灯光

문장 → ____

병음 → ____

② 저희 항공사는 특별 기내식 서비스를 제공하고 있습니다.

> 航空公司　　我们　　特餐　　提供　　服务

문장 → ____

병음 → ____

2. 다음 주어진 단어를 활용하여 대화를 연습해 보세요.

> 乘务员 我们为您准备了矿泉水、橙汁、苹果汁、热茶和咖啡。
> Wǒmen wèi nín zhǔnbèi le kuàngquánshuǐ、chéngzhī、píngguǒzhī、rèchá hé kāfēi.
>
> 乘　客 给我来一杯橙汁吧。
> Gěi wǒ lái yì bēi chéngzhī ba.

番茄汁	芦荟汁	芒果汁
fānqiézhī	lúhuìzhī	mángguǒzhī
토마토 주스	알로에 주스	망고 주스

3. 본문 내용을 활용하여 다음 승객의 말에 알맞게 대답해 보세요.

> 승　객 都有什么饮料呢?
> 승무원 ____

미묘하게 다른 물

비행을 막 시작했을 무렵, 음료 서비스를 할 때마다 각종 물을 원하시는 승객분들 때문에 골머리를 앓았습니다.

乘务员	"喝什么饮料呢?" Hē shénme yǐnliào ne? "어떤 음료로 하시겠습니까?"
乘 客	"白水吧。" Báishuǐ ba. "하얀 물이요."
乘务员	"白水…?" Báishuǐ …? "하얀 물이요…?"

물이면 물이지, 하얀 물은 우유일까요? 하지만 이것은 시작에 불과했습니다. 白开水 báikāishuǐ, 矿泉水 kuàngquánshuǐ, 纯净水 chúnjìngshuǐ, 温开水 wēnkāishuǐ, 开水 kāishuǐ 등 물의 종류는 매우 다양했습니다. 알고 보니 중국인들이 평소에 물과 차를 많이 마시기 때문에 물을 지칭하는 여러 가지 표현이 발달한 것이었습니다.

- 생수 矿泉水 kuàngquánshuǐ = 纯净水 chúnjìngshuǐ = 白水 báishuǐ
- 따뜻한 물 温开水 wēnkāishuǐ
- 끓인 물 开水 kāishuǐ = 白开水 báikāishuǐ
- 끓여서 식힌 물 凉开水 liángkāishuǐ

같은 물이지만 미묘하게 다른 의미를 알았으니, 중국인 승객에게 물을 서비스 할 때에는 그에 맞는 서비스를 하길 바랍니다.

5

식사 후 서비스

餐后服务

기내 면세품 1

机上免税品 1

▶ **학습 목표**

기내 면세품을 판매할 수 있습니다.
환율 및 결제 방식을 안내할 수 있습니다.

서비스 미리보기

식사 서비스가 끝나고 나면 승무원의 기내 면세품(机上免税品 jīshang miǎn
shuipǐn) 판매가 시작됩니다. 승무원은 기내에서 판매하는 면세품의 특징을 승
객에게 잘 설명하고 승객이 원할 경우 알맞은 상품을 추천할 수 있어야 합니다.
또한 지불 방법, 사용 가능한 화폐, 환율에 맞게 계산한 가격을 안내해야 합니
다. 만약 승객이 환승할 경우, 액체류 면세품의 용량을 확인하고 초과했을 시
액체 포장을 해 드려야 합니다.

〈판매 안내〉 🎤 Track 5-1-1

乘务员　我们在出售免税商品。
Wǒmen zài chūshòu miǎnshuì shāngpǐn.

如有需要购买的话，请跟我们乘务员联系。
Rú yǒu xūyào gòumǎi dehuà, qǐng gēn wǒmen chéngwùyuán liánxì.

乘　客　乘务员！给我一本免税购物指南吧。
Chéngwùyuán! Gěi wǒ yì běn miǎnshuì gòuwù zhǐnán ba.

乘务员　李先生，购物指南在您的座椅口袋里。
Lǐ xiānsheng, gòuwù zhǐnán zài nín de zuòyǐ kǒudài li.

我们现在搞活动，对所有的商品都打7折[1]。
Wǒmen xiànzài gǎo huódòng, duì suǒyǒu de shāngpǐn dōu dǎ qī zhé.

欢迎您选购！
Huānyíng nín xuǎngòu!

乘　客　太好了！如果我需要购买，我再找你吧。
Tài hǎo le! Rúguǒ wǒ xūyào gòumǎi, wǒ zài zhǎo nǐ ba.

[1] 중국에서 할인률을 표시하는 방법은 한국과는 조금 다릅니다. 打7折는 원가의 70%만 받겠다는 의미로 30% 세일의 의미입니다. 打8.8折는 원가의 88%만 받겠다는 의미로 12% 세일의 의미입니다.

🎤 Track 5-1-2

단어

出售 chūshòu 통 팔다, 판매하다 | 免税 miǎnshuì 통 면세하다, 면세되다 | 购物 gòuwù 통 물건을 사다, 물품을 구입하다 | 指南 zhǐnán 명 지침서, 안내서 | 口袋 kǒudài 명 주머니, 호주머니 | 搞 gǎo 통 하다 | 活动 huódòng 명 행사, 이벤트 | 选购 xuǎngòu 통 선택하여 사다, 골라서 사다

승무원	지금부터 면세품 판매를 시작하겠습니다.
	구매를 원하시는 분께서는 저희 승무원에게 말씀해 주시기 바랍니다.
승 객	승무원님! 면세품 카탈로그 좀 하나 주세요.
승무원	이 선생님, 면세품 카탈로그는 좌석 주머니 안에 있습니다.
	현재 모든 상품이 30% 할인 이벤트 중입니다.
	많은 구매 부탁드립니다!
승 객	정말 잘 됐네요! 만약 살 게 있으면, 다시 말씀 드리겠습니다.

문장연습

🎤 Track 5-1-3

如果我…(的话)，我再找你吧。 만약 ~하면 다시 말씀드리겠습니다.
Rúguǒ wǒ … (dehuà), wǒ zài zhǎo nǐ ba.

如果我

想退换
xiǎng tuìhuàn
교환하고 싶다

만약 교환하고 싶으면
다시 말씀드리겠습니다.

想退货
xiǎng tuìhuò
환불하고 싶다

(的话)，我再找你吧。

만약 환불하고 싶으면
다시 말씀드리겠습니다.

想换支付方式
xiǎng huàn zhīfù fāngshì
지불 방식을 변경하고 싶다

만약 지불 방법을
변경하고 싶으면
다시 말씀드리겠습니다.

〈결제 방식 안내〉 🎙 Track 5-1-4

乘务员　您需要买送人的礼物吗?
Nín xūyào mǎi sòngrén de lǐwù ma?

乘　客　我想买一瓶粉底。这迪奥❶的粉底多少钱?
Wǒ xiǎng mǎi yì píng fěndǐ. Zhè Dí'ào de fěndǐ duōshao qián?

乘务员　您需要买这粉底，是吗?
Nín xūyào mǎi zhè fěndǐ, shì ma?

人民币的价格是350元❷，美金的价格是70美金。
Rénmínbì de jiàgé shì sānbǎi wǔshí yuán, měijīn de jiàgé shì qīshí měijīn.

您刷信用卡还是付现金?
Nín shuā xìnyòngkǎ háishi fù xiànjīn?

乘　客　我付美金吧。给您70美金。
Wǒ fù měijīn ba. Gěi nín qīshí měijīn.

乘务员　收您70美金，谢谢。
Shōu nín qīshí měijīn, xièxie.

我把您购买的东西马上拿过来吧。
Wǒ bǎ nín gòumǎi de dōngxi mǎshàng ná guòlai ba.

〈잠시 후〉

乘务员　先生，这是您买的粉底和发票。谢谢！
Xiānsheng, zhè shì nín mǎi de fěndǐ hé fāpiào. Xièxie!

❶ 중국에서는 브랜드 이름이나 화장품 이름을 음역해 단어를 만들기도 합니다. 예를 들어 迪奥 Dí'ào는 화장품 브랜드 '디올'을 음역한 것이고, 粉底 fěndǐ는 파운데이션의 뜻과 음을 모두 반영해 만든 단어입니다.

❷ 중국의 기본 화폐단위로, 10角=1元, 10分=1角입니다. 구어체는 元 대신 块를, 角 대신 毛를 사용합니다.

🎙 Track 5-1-5

단어

瓶 píng 양명 병 | 粉底 fěndǐ 명 파운데이션 | 迪奥 고유 Dí'ào 디올 | 价格 jiàgé 명 가격 | 美金 měijīn 명 미국 달러 | 信用卡 xìnyòngkǎ 명 신용카드 | 付 fù 동 돈을 지불하다 | 现金 xiànjīn 명 현금 | 收 shōu 동 받다, 접수하다 | 发票 fāpiào 명 영수증

승무원	선물하실 물건 보고 계십니까?
승 객	파운데이션을 하나 구매하고 싶습니다. 이 디올 파운데이션은 얼마인가요?
승무원	이 파운데이션을 구매하시는 것이 맞습니까?
	인민폐 가격은 350위안이고, 미국 달러 가격은 70달러입니다.
	신용카드로 결제하시겠습니까 현금으로 결제하시겠습니까?
승 객	미국 달러로 결제하겠습니다. 여기 70달러 드릴게요.
승무원	70달러 받았습니다, 감사합니다. 구매하신 물건은 바로 가져다 드리겠습니다.
	〈잠시 후〉
승무원	손님, 여기 구매하신 파운데이션과 영수증입니다. 감사합니다!

문장연습

这 + 브랜드명 + 的 + 상품 + 多少钱? 이 ~(브랜드명)의 ~(상품)은 얼마인가요?
Zhè + 브랜드명 + de + 상품 + duōshao qián?

这	香奈儿 Xiāngnài'ér 샤넬	的	香水 xiāngshuǐ 향수	多少钱?	이 샤넬 향수는 얼마인가요?
	欧舒丹 Ōushūdān 록시땅		护手霜 hùshǒushuāng 핸드크림		이 록시땅 핸드크림은 얼마인가요?
	海蓝之谜 Hǎilánzhīmí 라메르		保湿霜 bǎoshīshuāng 수분크림		이 라메르 수분크림은 얼마인가요?

〈분할 결제 및 환율 안내〉 🎤 Track 5-1-7

乘务员　这是您要的手链。希望您喜欢。
Zhè shì nín yào de shǒuliàn. Xīwàng nín xǐhuan.

乘　客　挺好的。
Tǐng hǎo de.

我有10万韩币，我想把这些韩币都花掉。
Wǒ yǒu shíwàn hánbì, wǒ xiǎng bǎ zhèxiē hánbì dōu huādiào.

不够的再刷卡，可以吗?
Búgòu de zài shuākǎ, kěyǐ ma?

乘务员　没问题。我们收韩币。
Méi wèntí. Wǒmen shōu hánbì.

您刷什么信用卡? 万事达、维萨和银联都可以。
Nín shuā shénme xìnyòngkǎ? Wànshìdá、Wéisà hé Yínlián dōu kěyǐ.

这款手链的价格是250美金。
Zhè kuǎn shǒuliàn de jiàgé shì liǎngbǎi wǔ měijīn.

今天美金对韩币的汇率是1220元。一共30万5千韩币。
Jīntiān měijīn duì hánbì de huìlǜ shì yìqiān èrbǎi èrshí yuán. Yígòng sānshíwàn wǔqiān hánbì.

您有10万韩币，剩下的20万5千给您刷卡吧。
Nín yǒu shíwàn hánbì, shèngxià de èrshíwàn wǔqiān gěi nín shuākǎ ba.

乘　客　好的。谢谢。
Hǎode. Xièxie.

🎤 Track 5-1-8

단어

手链 shǒuliàn 몡 팔찌 | 花 huā 동 쓰다 | 万事达 Wànshìdá 고유 마스터 | 维萨 Wéisà 고유 비자 | 银联 Yínlián 고유 은련 | 款 kuǎn 양 종류, 스타일 | 汇率 huìlǜ 몡 환율 | 剩下 shèngxià 동 남다, 남기다

승무원   여기 손님이 찾으신 팔찌입니다. 마음에 드셨으면 좋겠습니다.

승 객   정말 좋네요.

제게 한국 돈 10만 원이 있는데 모두 사용하고 싶습니다.

부족한 돈은 신용카드로 계산해도 되나요?

승무원   물론입니다. 한국 돈도 받습니다.

어떤 카드로 결제하시겠습니까? 마스터, 비자 그리고 은련 모두 가능합니다.

이 팔찌의 가격은 250달러입니다.

오늘 원 달러 환율은 1,220원으로 총 30만 5천 원입니다.

한국 돈을 10만 원 가지고 계시니, 나머지 20만 5천 원은 카드로 결제하겠습니다.

승 객   네, 감사합니다.

문장연습

🎤 Track 5-1-9

주어 + 挺 + 형용사 + 的。   (주어)는 매우 (형용사)합니다.
주어 + tǐng + 형용사 + de.

这架飞机 Zhè jià fēijī 이 비행기	大 dà 크다	이 비행기는 매우 큽니다.
这位男乘务员 Zhè wèi nán chéngwùyuán 이 남자 승무원	挺 帅 shuài 잘생겼다 的。	이 남자 승무원은 매우 잘생겼습니다.
坐我旁边的旅客 Zuò wǒ pángbiān de lǚkè 내 옆에 앉은 승객	漂亮 piàoliang 예쁘다	제 옆에 앉은 승객은 매우 예쁩니다.

최종 목적지가 어디십니까?

항공 보안 규정이 나날이 엄격해지면서 기내에 반입할 수 있는 액체의 용량이 용기 1개당 100ML 이하, 총 1L 이내로 제한되어 있습니다. 액체류 반입이 가능한 국가도 환승할 때 액체 포장을 하지 않으면 안전 검사 시 세관에 압수를 당할 수 있습니다. 실제로 기내에서 주류를 판매 시 승객의 최종 목적지를 묻지 않고 액체 포장 없이 판매하여 승객이 주류를 세관에 압수 당해 컴플레인 레터를 받았던 경우도 있었습니다. 그럼 액체류 구매 승객의 환승 여부를 묻는 표현을 알아봅시다.

乘务员 先生，您的最终目的地是哪儿？
Xiānsheng, nín de zuìzhōng mùdìdì shì nǎr?
손님, 최종 목적지가 어디십니까?

您是中转吗？
Nín shì zhōngzhuǎn ma?
경유하십니까?

乘　客 我一会儿转机去洛杉矶。
Wǒ yíhuìr zhuǎnjī qù Luòshānjī.
저는 환승해서 로스앤젤레스에 갑니다.

乘务员 要是您转机的话，您购买的酒需要液体包装。
Yàoshi nín zhuǎnjī dehuà, nín gòumǎi de jiǔ xūyào yètǐ bāozhuāng.
만약 환승하신다면, 구매하신 주류는 액체 포장을 해야 합니다.

到目的地之前，请不要拆开。
Dào mùdìdì zhīqián, qǐng búyào chāikāi.
목적지에 도착하시기 전까지는 뜯지 마십시오.

Tip STEB

액체류를 포장하는 투명 봉인 봉투를 훼손탐지가능봉투(STEB: Security Tamper Evident Bag)라고 합니다. 봉투 안에는 구입 시 받은 영수증이 동봉되어야 하며 최종 목적지행 항공기를 탑승하기 전까지 개봉하면 안 됩니다. 또한, 국가별로 규정이 상이하여 환승 시 액체류 구매가 불가한 국가가 있으니 사전에 국가별 규정을 숙지해야 합니다.

02

기내 면세품 2

机上免税品 2

▶ **학습 목표**

승객의 요구사항에 맞는 면세품을 추천할 수 있습니다.
세관 규정을 안내할 수 있습니다.
면세품 품절 시 구매 예약을 안내할 수 있습니다.

서비스 미리보기

기내에서 면세품 판매 시 다양한 프로모션을 진행하기도 합니다. 승무원은 프로모션 상품을 적극적으로 소개합니다. 만약 승객이 원하는 상품이 품절되었을 경우 승객이 구매 예약을 원하거나, 돌아오는 항공편에서의 면세품 구매 예약을 원하면 예약서 작성을 도와 드립니다. 또한 승객이 면세품을 구매할 경우 각 나라의 세관 적용 범위에 대한 설명을 해야 하고, 세관 규정에 맞추어 상품을 판매해야 합니다.

〈제품 추천 및 프로모션 안내〉 🎙 Track 5-2-1

乘 客 **乘务员！我想买送给老婆的礼物。**
Chéngwùyuán! Wǒ xiǎng mǎi sòng gěi lǎopo de lǐwù.

她很喜欢韩国的化妆品。
Tā hěn xǐhuan Hánguó de huàzhuāngpǐn.

您给我推荐一下，好吗？
Nín gěi wǒ tuījiàn yíxià, hǎo ma?

乘务员 **好的。您的老婆平时化妆吗？**
Hǎode. Nín de lǎopo píngshí huàzhuāng ma?

乘 客 **是的。她是上班族，平时都化妆。**
Shì de. Tā shì shàngbānzú, píngshí dōu huàzhuāng.

乘务员 **那我想给您推荐彩妆化妆品。**
Nà wǒ xiǎng gěi nín tuījiàn cǎizhuāng huàzhuāngpǐn.

雪花秀的唇膏套装怎么样？一套三支❶。
Xuěhuāxiù de chúngāo tàozhuāng zěnmeyàng? Yí tào sān zhī .

这些颜色对所有年龄段都很合适。
Zhèxiē yánsè duì suǒyǒu niánlíngduàn dōu hěn héshì.

我们有打8折的活动。您今天购买的话，便宜16美金。
Wǒmen yǒu dǎ bā zhé de huódòng. Nín jīntiān gòumǎi dehuà, piányi shíliù měijīn.

乘 客 **挺划算的。我来一套！我付人民币吧。**
Tǐng huásuàn de. Wǒ lái yí tào! Wǒ fù rénmínbì ba.

乘务员 **好的。**
Hǎode.

🎙 Track 5-2-2

> ❶ 套는 양사로 '세트'라는 의미로 쓰입니다. '수사+套'나 '수사+套+명사'의 형식으로 쓰입니다.
>
> 예) 一套五个 yí tào wǔ ge
> 다섯 개 한 세트
>
> 一套眼线笔 yí tào yǎnxiànbǐ
> 아이라이너 한 세트
>
> 我想买三套彩妆盒。
> Wǒ xiǎng mǎi sān tào cǎizhuānghé.
> 색조 팔레트 세 세트를 사고 싶습니다.

단어

老婆 lǎopo 몡 아내, 부인 | 礼物 lǐwù 몡 선물 | 化妆品 huàzhuāngpǐn 몡 화장품 | 平时 píngshí 몡 평소, 평상시 | 化妆 huàzhuāng 동 화장하다 | 上班族 shàngbānzú 몡 샐러리맨, 직장인 | 彩妆 cǎizhuāng 색조 화장, 메이크업 | 唇膏 chúngāo 몡 립스틱 | 套装 tàozhuāng 몡 세트 상품 | 颜色 yánsè 몡 색, 색깔 | 年龄段 niánlíngduàn 몡 연령대 | 划算 huásuàn 혱 수지가 맞다, 계산이 맞다

승 객	승무원님! 아내에게 줄 선물을 사고 싶습니다.
	제 아내가 한국의 화장품을 매우 좋아하는데, 추천해 주실 수 있으신가요?
승무원	알겠습니다. 아내분께서 평소에 화장을 하십니까?
승 객	네. 제 아내도 직장인이다 보니 평소에 화장을 합니다.
승무원	그러시다면 색조 화장품을 추천해 드리고 싶습니다.
	설화수의 립스틱 세트는 어떠십니까? 3개가 한 세트입니다.
	립스틱의 색상이 모든 연령대에도 잘 어울립니다.
	현재 20% 할인 행사 중이라 오늘 구매하시면 16달러가 저렴합니다.
승 객	괜찮은 가격이네요. 한 세트 주세요! 결제는 인민폐로 하겠습니다.
승무원	알겠습니다.

문장연습

Track 5-2-3

브랜드명＋的＋상품＋怎么样? ~(브랜드명)의 ~(상품)은 어떠십니까?
브랜드명 + de + 상품 + zěnmeyàng?

爱茉莉 Àimòlì 아모레퍼시픽	的	美白霜 měibáishuāng 미백크림	怎么样?	아모레퍼시픽의 미백크림은 어떠십니까?
兰芝 Lánzhī 라네즈		睡眠面膜 shuìmián miànmó 슬리핑팩		라네즈의 슬리핑팩은 어떠십니까?
赫拉 Hèlā 헤라		防晒霜 fángshàishuāng 선크림		헤라의 선크림은 어떠십니까?

〈세관 규정 안내〉 🎙 Track 5-2-4

乘　客　乘务员！有万宝路①的香烟吗？
Chéngwùyuán! Yǒu Wànbǎolù de xiāngyān ma?

我想买4条烟。
Wǒ xiǎng mǎi sì tiáo yān.

乘务员　您好，您需要4条万宝路。是吗？
Nín hǎo, nín xūyào sì tiáo Wànbǎolù. Shì ma?

按照中国的海关规定，一个人只能带400支。
Ànzhào Zhōngguó de hǎiguān guīdìng, yí ge rén zhǐnéng dài sìbǎi zhī.

这条烟一条有200支，您只能带两条。
Zhè tiáo yān yì tiáo yǒu liǎngbǎi zhī, nín zhǐnéng dài liǎng tiáo.

乘　客　我是跟朋友一起买。来4条吧。
Wǒ shì gēn péngyou yìqǐ mǎi. Lái sì tiáo ba.

乘务员　好的。谢谢您的购买。
Hǎode. Xièxie nín de gòumǎi.

❶ 중국의 주요 담배 브랜드도 꼭 알아둡시다.
- 중남해
  中南海 Zhōngnánhǎi
- 옥계
  玉溪 Yùxī
- 웅묘
  熊猫 Xióngmāo
- 부용왕
  芙蓉王 Fúróngwáng
- 이군
  利群 Lìqún
- 중화
  中华 Zhōnghuá

🎙 Track 5-2-5

단어

万宝路 Wànbǎolù 고유 말보로 | 香烟 xiāngyān 명 담배 | 条 tiáo 양 보루 | 海关 hǎiguān 명 세관 | 规定 guīdìng 명 규정, 규칙 | 只能 zhǐnéng 동 ~할 수밖에 없다 | 带 dài 동 지니다, 휴대하다 | 支 zhī 양 개피

승 객	승무원님! 말보로 담배 있나요?
	네 보루 사고 싶습니다.
승무원	안녕하세요. 말보로 네 보루 말씀이십니까?
	중국 세관 규정에 따르면 1인당 400개피까지만 소지하실 수 있습니다.
	담배는 한 보루에 200개피로, 두 보루까지만 소지하실 수 있습니다.
승 객	저는 친구와 함께 구매하는 거예요. 네 보루 주세요.
승무원	알겠습니다. 구매해 주셔서 감사합니다.

문장연습

您只能带…。
Nín zhǐnéng dài ….
~까지만 소지하실 수 있습니다.

您只能带

一瓶酒
yì píng jiǔ
술 한 병

술 한 병까지만
소지하실 수 있습니다.

一瓶香水
yì píng xiāngshuǐ
향수 한 병

향수 한 병까지만
소지하실 수 있습니다.

一部手机
yí bù shǒujī
휴대전화 한 대

휴대전화 한 대까지만
소지하실 수 있습니다.

。

〈품절 안내 및 구매 예약〉 🎤 Track 5-2-7

乘 客　乘务员，有卖飞机模型吗? 我想送给我儿子。
Chéngwùyuán, yǒu mài fēijī móxíng ma? Wǒ xiǎng sòng gěi wǒ érzi.

乘务员　实在抱歉！已经卖完了。
Shízài bàoqiàn! Yǐjing màiwán le.

先生，我们还有几种玩具。您需要看看吗?
Xiānsheng, wǒmen hái yǒu jǐ zhǒng wánjù. Nín xūyào kànkan ma?

乘 客　我儿子就想要那款飞机模型。
Wǒ érzi jiù xiǎng yào nà kuǎn fēijī móxíng.

乘务员　是吗? 那要不我给您预订一下?
Shì ma? Nà yàobù wǒ gěi nín yùdìng yíxià?

这样的话，回来的航班上可以购买。
Zhèyàng dehuà, huílai de hángbān shang kěyǐ gòumǎi.

乘 客　好吧。刚好我回来也坐这航班。
Hǎo ba. Gānghǎo wǒ huílai yě zuò zhè hángbān.

乘务员　麻烦您把预订单填写一下。
Máfan nín bǎ yùdìngdān tiánxiě yíxià.

乘 客　谢谢您。
Xièxie nín.

🎤 Track 5-2-8

단어

模型 móxíng 명 모형 | **玩具** wánjù 명 완구, 장난감 | **需要** xūyào 동 필요하다, 요구하다 | **要不** yàobù 접 그렇지 않으면 | **刚好** gānghǎo 부 때마침, 알맞게 | **预订单** yùdìngdān 명 예약서 | **填写** tiánxiě 동 (일정한 양식에) 써 넣다, 기입하다

승 객	승무원님, 비행기 모형 판매하나요? 제 아들에게 선물하고 싶습니다.
승무원	정말 죄송합니다! 이미 다 판매되었습니다.
	손님, 장난감 몇 종류가 더 있는데, 한번 보시겠습니까?
승 객	제 아들이 바로 그 비행기 모형을 가지고 싶어 합니다.
승무원	그렇습니까? 아니면 제가 예약해 드릴까요?
	그렇게 하시면 돌아오는 항공편에서 구매하실 수 있습니다.
승 객	좋아요. 마침 제가 돌아올 때도 이 항공편을 탑니다.
승무원	그럼 번거로우시겠지만, 이 예약 서류를 좀 작성해 주십시오.
승 객	감사합니다.

문장연습

有卖…吗? ～를 판매하나요?
Yǒu mài … ma?

有卖	法国的香水 Fǎguó de xiāngshuǐ 프랑스 향수	吗?	프랑스 향수를 판매하나요?
	中国的白酒 Zhōngguó de báijiǔ 중국 바이주		중국 바이주를 판매하나요?
	美国的巧克力 Měiguó de qiǎokèlì 미국 초콜릿		미국 초콜릿을 판매하나요?

세계 각국의 화폐

승객이 여행을 마치고 귀국하면, 여행지에서 쓰고 남은 화폐를 사용할 수 없게 되어, 기내에서 면세품을 구매하는 방식으로 화폐를 써 버리기도 합니다. 이때 승무원은 기내 환율표를 적용하여 승객에게 정확한 가격을 안내할 수 있어야 합니다. 각국의 화폐 단위를 중국어로 알아봅시다.

韩币
hánbì

대한민국 원(KRW)

人民币
rénmínbì

중국 위안(CNY)

美元
měiyuán

미국 달러(USD)

港元
gǎngyuán

홍콩 달러(HKD)

加元
jiāyuán

캐나다 달러(CAD)

日元
rìyuán

일본 엔(JPY)

新台币
xīntáibì

대만 달러(TWD)

新加坡元
xīnjiāpōyuán

싱가포르 달러(SGD)

新西兰元
xīnxīlányuán

뉴질랜드 달러(NZD)

英镑
yīngbàng

영국 파운드(GBP)

欧元
ōuyuán

유럽 유로(EUR)

澳元
àoyuán

호주 달러(AUD)

03

환승
转机

환승 게이트를 안내할 수 있습니다.
환승 수속을 안내할 수 있습니다.
환승 항공편을 놓친 승객을 안내할 수 있습니다.

서비스 미리보기

국제선 및 국내선의 환승 게이트와 수하물 수취 장소 안내는 비행기 착륙 30
분 전에 방송으로 이루어집니다. 그러므로 승무원은 방송을 잘 기억해 두었다
가 환승에 관한 안내가 필요할 때 유연하게 대처해야 합니다. 국제선 환승일 경
우 입국 절차 없이 바로 환승 게이트를 거쳐 탑승 게이트로 가며, 국내선 환승
일 경우 입국 후 재수속이 필요합니다. 수하물은 수하물 표에 기재된 목적지를
확인하고 승객으로 하여금 해당 목적지에서 수하물을 찾도록 안내합니다.

〈환승 게이트 안내〉 🎙 Track 5-3-1

乘务员 请问，您从北京转**❶**机去马德里，是吗?
Qǐngwèn, nín cóng Běijīng zhuǎnjī qù Mǎdélǐ, shì ma?

乘　客 是的。
Shì de.

乘务员 我们刚刚**❷**收到了中转航班信息。
Wǒmen gānggāng shōudào le zhōngzhuǎn hángbān xìnxī.

乘　客 正**❸**想打听了。是几号登机口呢?
Zhèng xiǎng dǎting le. Shì jǐ hào dēngjīkǒu ne?

乘务员 您的登机口在E12号。
Nín de dēngjīkǒu zài E shí'èr hào.

乘　客 谢谢!
Xièxie!

乘务员 不客气。
Bú kèqi.

❶ 4성으로 읽을 경우에는 '돌다', '회전하다'의 뜻이니 발음에 주의하세요.

❷ '방금', '막'이라는 뜻의 시간을 나타내는 부사로, 같은 뜻인 刚才, 刚으로도 사용할 수 있습니다.

❸ 正은 正好 Zhènghǎo의 줄임말로, 동사 앞에서 부사로 사용되어 '마침'의 의미를 지닙니다. '수량 혹은 정도가 딱 맞다'는 의미의 형용사로도 쓰입니다.

🎙 Track 5-3-2

단어

转机 zhuǎnjī 图 환승하다, 비행기를 갈아타다 | **马德里** Mǎdélǐ 지명 마드리드 | **刚刚** gānggāng 및 지금, 막 | **中转** zhōngzhuǎn 图 환승하다, 도중에 갈아타다 | **信息** xìnxī 명 소식, 정보 | **打听** dǎting 图 물어보다, 알아보다 | **登机口** dēngjīkǒu 명 탑승구

승무원	실례합니다만, 베이징에서 마드리드로 환승하십니까?
승 객	네.
승무원	방금 환승 소식을 받았습니다.
승 객	안 그래도 여쭤 보려고 했습니다. 몇 번 탑승구인가요?
승무원	손님의 탑승구는 E12번입니다.
승 객	감사합니다!
승무원	아닙니다.

문장연습

Track 5-3-3

从＋장소1＋转机去＋장소2。 ～(장소 1)에서 ～(장소 2)로 환승하다.
Cóng ＋ 장소1 ＋ zhuǎnjī qù ＋ 장소2.

从	上海 Shànghǎi 상하이	转机去	广州 Guǎngzhōu 광저우	。	상하이에서 광저우로 환승하다.
	北京 Běijīng 베이징		纽约 Niǔyuē 뉴욕		베이징에서 뉴욕으로 환승하다.
	首尔 Shǒu'ěr 서울		巴黎 Bālí 파리		서울에서 파리로 환승하다.

〈환승 수속 안내〉 🎙 Track 5-3-4

乘 客　你好！我从北京转机去多伦多，你知道怎么转吗？
Nǐ hǎo! Wǒ cóng Běijīng zhuǎnjī qù Duōlúnduō, nǐ zhīdao zěnme zhuǎn ma?

乘务员　国际转机在中转柜台办理中转手续，
Guójì zhuǎnjī zài zhōngzhuǎn guìtái bànlǐ zhōngzhuǎn shǒuxù,

　　　　然后直接去登机口就可以了。
ránhòu zhíjiē qù dēngjīkǒu jiù kěyǐ le.

乘 客　需要取托运行李吗？
Xūyào qǔ tuōyùn xíngli ma?

乘务员　请给我看一下您的行李牌[1]。
Qǐng gěi wǒ kàn yíxià nín de xínglipái.

乘 客　好的。这是我的行李牌。
Hǎode. Zhè shì wǒ de xínglipái.

乘务员　您的行李是直接到多伦多的[2]。
Nín de xíngli shì zhíjiē dào Duōlúnduō de.

　　　　在北京不用取托运行李。
Zài Běijīng búyòng qǔ tuōyùn xíngli.

乘 客　好的。谢谢！
Hǎode. Xièxie!

乘务员　不客气。祝您旅途愉快！
Bú kèqi. Zhù nín lǚtú yúkuài!

[1] 수하물의 경우 일반적으로 국제선에서 국제선으로의 환승은 최종 목적지까지 수속이 되어 있고, 국제선에서 국내선으로의 환승은 경유지에서 짐을 찾은 후 다시 수속하게 되어 있습니다. 하지만 일부 노선에서는 수속이 필요 없는 경우가 있으니 반드시 승객의 수하물 표를 확인해 주세요.

[2] 문장에서 是와 的 사이에 강조하고 싶은 단어나 구문을 넣어 표현합니다.

🎙 Track 5-3-5

단어

多伦多 Duōlúnduō 〔지명〕 토론토 ｜ 柜台 guìtái 〔명〕 카운터 ｜ 办理 bànlǐ 〔동〕 (수속을) 밟다 ｜ 手续 shǒuxù 〔명〕 수속, 절차 ｜ 然后 ránhòu 〔접〕 그런 다음, 그 다음에 ｜ 直接 zhíjiē 〔형〕 직접적인, 바로 ｜ 行李牌 xínglipái 〔명〕 수하물 표

승 객	저기요! 제가 베이징에서 토론토로 환승하는데, 어떻게 가야 하죠?
승무원	국제선 환승은 환승 카운터에서 환승 수속을 받으신 다음,
	바로 탑승구로 가시면 됩니다.
승 객	짐은 찾아야 하나요?
승무원	수하물 표를 보여 주세요.
승 객	네, 여기 수하물 표입니다.
승무원	손님의 짐은 곧바로 토론토까지 갑니다.
	베이징에서 짐은 찾으실 필요 없습니다.
승 객	알겠습니다. 감사합니다!
승무원	아닙니다. 즐거운 여행 되시길 바랍니다!

문장연습

🎤 **Track 5-3-6**

祝您 … 愉快! 즐거운 ~되시길 바랍니다!
Zhù nín … yúkuài!

	购物 gòuwù 쇼핑		즐거운 쇼핑하시길 바랍니다!
祝您	飞行 fēixíng 비행	愉快!	즐거운 비행 되시길 바랍니다!
	周末 zhōumò 주말		즐거운 주말 보내시길 바랍니다!

〈환승 항공편을 놓친 경우〉 🎤 Track 5-3-7

乘 客　因为航班延误，赶不上下一个航班了，怎么办?
Yīnwèi hángbān yánwù, gǎn bu shàng xià yí ge hángbān le, zěnme bàn?

乘务员　啊，是吗? 真抱歉给您带来的不便。
À, shì ma? Zhēn bàoqiàn gěi nín dàilái de búbiàn.

您买的票是联程机票[1]吗?
Nín mǎi de piào shì liánchéng jīpiào ma?

乘 客　是的。是同一个航空公司。
Shì de. Shì tóng yí ge hángkōng gōngsī.

乘务员　下飞机后，
Xià fēijī hòu,

您把下一个航班的登机牌给地面人员出示一下。
nín bǎ xià yí ge hángbān de dēngjīpái gěi dìmiàn rényuán chūshì yíxià.

地面人员会给您安排最快的下一个航班。
Dìmiàn rényuán huì gěi nín ānpái zuì kuài de xià yí ge hángbān.

乘 客　啊，这样吗? 今天还有航班吗?
À, Zhèyàng ma? Jīntiān hái yǒu hángbān ma?

乘务员　晚上还有两班。
Wǎnshang hái yǒu liǎng bān.

乘 客　那我就放心了。谢谢!
Nà wǒ jiù fàngxīn le. Xièxie!

乘务员　不客气。再次抱歉影响您的行程。
Bú kèqi. Zàicì bàoqiàn yǐngxiǎng nín de xíngchéng.

[1] 연결편 노선이라는 뜻으로, 경유해서 이용하는 두 개의 티켓을 한 번에 구매하는 경우를 말합니다.

🎤 Track 5-3-8

단 어

延误 yánwù 동 지연되다, 지체하다 | 赶不上 gǎn bu shàng 동 늦다 | 抱歉 bàoqiàn 동 미안해하다, 죄송합니다 | 带来 dàilái 동 야기하다, 초래하다 | 不便 búbiàn 형 불편하다 | 联程 liánchéng 갈아탈 때 수속할 필요가 없는 여정 | 机票 jīpiào 명 비행기 표, 항공권 | 安排 ānpái 동 안배하다, 일을 처리하다 | 放心 fàngxīn 동 안심하다 | 影响 yǐngxiǎng 동 영향을 끼치다 | 行程 xíngchéng 명 노정, 여정

승 객	제가 비행기 지연 때문에 다음 비행기를 못 탔는데, 어떻게 해야 하나요?
승무원	아, 그러십니까? 불편을 끼쳐 드려 정말 죄송합니다.
	구매하신 항공권이 연결 항공권입니까?
승 객	네, 같은 항공사입니다.
승무원	비행기에서 내리신 다음,
	다음 항공편의 탑승권을 지상직원에게 보여 주세요.
	지상직원이 가장 빨리 출발하는 다음 항공편으로 안내해 드릴 겁니다.
승 객	아, 그래요? 오늘 가는 항공편이 또 있나요?
승무원	저녁에 비행기 두 편이 더 있습니다.
승 객	그럼 다행이네요. 감사합니다!
승무원	아닙니다. 다시 한번 일정에 불편을 끼쳐 드려 죄송합니다.

문장연습

Track 5-3-9

把…给…出示一下。 ~를 ~에게 보여 주세요.
Bǎ … gěi … chūshì yíxià.

	登机牌 dēngjīpái 탑승권		我 wǒ 나		탑승권을 저에게 보여 주세요.
把	证据 zhèngjù 증거	给	法院 fǎyuàn 법원	出示一下。	증거를 법원에 제출하세요.
	驾驶证 jiàshǐzhèng 운전면허증		交警 jiāojǐng 교통경찰		운전면허증을 교통경찰에게 제시하세요.

세계 각국 도시의 중국어 명칭

중국어의 외래어는 보통 의역과 음역으로 나뉘는데 도시 이름은 주로 비슷한 음을 가진 한자로 음역합니다.
한자권 국가의 경우 기준 한자 그대로 발음합니다. 기존 영어 발음과 비교하면서 외워 보세요.

미주 美洲	뉴욕 纽约 Niǔyuē 시애틀 西雅图 Xīyǎtú 샌프란시스코 旧金山 Jiùjīnshān 로스앤젤레스 洛杉矶 Luòshānjī	호놀룰루 火奴鲁鲁 Huǒnúlǔlǔ 벤쿠버 温哥华 Wēngēhuá 토론토 多伦多 Duōlúnduō 몬트리올 蒙特利尔 Méngtèlì'ěr
유럽 欧洲	런던 伦敦 Lúndūn 파리 巴黎 Bālí 로마 罗马 Luómǎ 밀라노 米兰 Mǐlán 암스테르담 阿姆斯特丹 Āmǔsītèdān	프랑크푸르트 法兰克福 Fǎlánkèfú 뮌헨 慕尼黑 Mùníhēi 모스크바 莫斯科 Mòsīkē 마드리드 马德里 Mǎdélǐ 바로셀로나 巴塞罗那 Bāsāiluónà
대양주 大洋洲	시드니 悉尼 Xīní 멜버른 墨尔本 Mò'ěrběn 오클랜드 奥克兰 Āokèlán	괌 关岛 Guāndǎo 브리즈번 布里斯班 Bùlǐsībān 사이판 塞班 Sāibān
중동 · 아프리카 中东 · 非洲	두바이 迪拜 Díbài 도하 多哈 Duōhā 아부다비 阿布扎比 Ābùzhābǐ	이스탄불 伊斯坦布尔 Yīsītǎnbù'ěr 앙카라 安卡拉 Ānkǎlā 카이로 开罗 Kāiluó
아시아 亚洲	〈중국 中国 · 홍콩 香港 · 대만 台湾〉 상하이 上海 Shànghǎi 베이징 北京 Běijīng 광저우 广州 Guǎngzhōu 청두 成都 Chéngdū 충칭 重庆 Chóngqìng 칭다오 青岛 Qīngdǎo 우한 武汉 Wǔhàn 텐진 天津 Tiānjīn 샤먼 厦门 Xiàmén 선양 沈阳 Shěnyáng 옌지 延吉 Yánjí 선전 深圳 Shēnzhèn 하이코우 海口 Hǎikǒu 홍콩 香港 Xiānggǎng 마카오 澳门 Àomén 타이베이 台北 Táiběi	〈한국 韩国〉 김포 金浦 Jīnpǔ 인천 仁川 Rénchuān 부산 釜山 Fǔshān 대구 大邱 Dàqiū 제주 济州 Jìzhōu 〈일본 日本〉 도쿄 东京 Dōngjīng 오사카 大阪 Dàbǎn 후쿠오카 福冈 Fúgāng 〈동남아시아 东南亚〉 싱가포르 新加坡 Xīnjiāpō 쿠알라룸푸르 吉隆坡 Jílóngpō 하노이 河内 Hénèi 자카르타 雅加达 Yǎjiādá 방콕 曼谷 Màngǔ 마닐라 马尼拉 Mǎnílā

04

엔터테인먼트 시스템

娱乐系统

▶ **학습 목표**

엔터테인먼트 시스템 사용 방법을 안내할 수 있습니다.
서비스 시 발생하는 여러 가지 상황에 대처할 수 있습니다.

서비스 미리보기

엔터테인먼트 시스템(娱乐系统 yúlè xìtǒng)은 장거리 노선에서 승객들의 친구가
되어줍니다. 영화, 드라마, 애니메이션, 음악 등이 있으며 이외에도, 비행기의
현재 속도, 고도 및 에어 맵을 통해 비행 정보를 확인할 수 있습니다. 승무원은
지상에서 화면이나 버튼 등 엔터테인먼트 시스템이 고장 난 좌석이 있는지
확인한 후 사무장에게 보고하여 수리하도록 합니다. 만약 비행 중 고장으로 인해
엔터테인먼트 시스템을 이용할 수 없는 경우에는 승객에게 좌석을 다시 배정해
드리거나 신문, 잡지 등을 제공하여 승객들이 편안하게 쉬실 수 있도록 합니다.

〈엔터테인먼트 시스템 사용 안내〉 Track 5-4-1

乘　客　请问一下。这个屏幕怎么用？
Qǐngwèn yíxià. Zhège píngmù zěnme yòng?

乘务员　这是触摸屏。您可以通过触摸屏来选择想看的节目。
Zhè shì chùmōpíng. Nín kěyǐ tōngguò chùmōpíng lái xuǎnzé xiǎng kàn de jiémù.

　　　　有电影、音乐、游戏、航路信息等。
Yǒu diànyǐng、yīnyuè、yóuxì、hánglù xìnxī děng.

乘　客　这个遥控器是怎么用的呢？
Zhège yáokòngqì shì zěnme yòng de ne?

乘务员　摁箭头的按键可以移动方向，中间的是确定。
Èn jiàntóu de ànjiàn kěyǐ yídòng fāngxiàng, zhōngjiān de shì quèdìng.

　　　　旁边的按键是能调音量的。
Pángbiān de ànjiàn shì néng tiáo yīnliàng de.

乘　客　是这样的。明白了。
Shì zhèyàng de. Míngbai le.

乘务员　前面的座椅口袋里面有娱乐指南，您可以参考。
Qiánmian de zuòyǐ kǒudài lǐmian yǒu yúlè zhǐnán, nín kěyǐ cānkǎo.

乘　客　好的。我研究研究[1]。谢谢！
Hǎode. Wǒ yánjiū yánjiū. Xièxie!

乘务员　不客气。如有疑问，随时联系我们。
Bú kèqi. Rú yǒu yíwèn, suíshí liánxì wǒmen.

> [1] 동사나 형용사를 AABB, ABAB, AA 등의 형태로 중첩하면, 동사의 경우 '시도해 보다, ~해 보다'의 시도의 의미를, 형용사의 경우 강조의 의미를 나타냅니다.

Track 5-4-2

단어

屏幕 píngmù 몡 스크린 | 触摸 chùmō 통 (손으로) 누르다, 만지다(触摸屏 터치스크린) | 遥控器 yáokòngqì 몡 리모컨 | 摁 èn 통 (손가락으로) 누르다 | 箭头 jiàntóu 몡 화살표 | 按键 ànjiàn 몡 키, 버튼 | 调 tiáo 통 조정하다, 조절하다 | 音量 yīnliàng 몡 음량, 볼륨 | 参考 cānkǎo 통 참고하다, 참조하다 | 研究 yánjiū 통 연구하다, 생각하다 | 疑问 yíwèn 몡 의문, 의혹

승 객	말씀 좀 여쭐게요. 이 스크린은 어떻게 사용하죠?
승무원	이 스크린은 터치스크린입니다. 스크린을 눌러서 보고 싶으신 프로그램을 선택하실 수 있습니다.
	영화, 음악, 게임, 비행 정보 등이 있습니다.
승 객	이 리모컨은 어떻게 쓰는 건가요?
승무원	화살표 버튼을 누르시면 방향을 조절할 수 있고, 가운데는 확인입니다.
	옆에 있는 버튼으로 음량을 조절할 수 있습니다.
승 객	그렇군요. 알겠습니다.
승무원	좌석 앞 주머니 속에 안내책자가 준비되어 있으니, 참고하시면 됩니다.
승 객	네, 연구를 좀 해 보겠습니다. 감사합니다!
승무원	아닙니다. 또 궁금하신 사항이 있으시면 언제든지 불러 주세요.

문장연습

Track 5-4-3

这个 … 怎么 …? 이 ~는 어떻게 ~하나요?
Zhège … zěnme …?

这个	座椅靠背 zuòyǐ kàobèi 좌석 등받이	怎么	调 tiáo 조절하다	?	이 좌석 등받이는 어떻게 조절하나요?
	脚踏板 jiǎotàbǎn 발 받침대		放下 fàngxià 내리다		이 발 받침대는 어떻게 내리나요?
	遥控器 yáokòngqì 리모컨		拿下来 ná xiàlai 꺼내다		이 리모컨은 어떻게 꺼내나요?

〈엔터테인먼트 시스템 고장 시 안내〉 🎤 Track 5-4-4

乘　客　请问，这个屏幕突然没有显示是怎么回事？
Qǐngwèn, zhège píngmù tūrán méiyǒu xiǎnshì shì zěnme huíshì?

乘务员　您让我看一下，好吗？系统不稳定会死机的。
Nín ràng wǒ kàn yíxià, hǎo ma? Xìtǒng bù wěndìng huì sǐjī de.

我去前面用控制系统❶给您重启一下。
Wǒ qù qiánmian yòng kòngzhì xìtǒng gěi nín chóngqǐ yíxià.

真抱歉！请稍等。
Zhēn bàoqiàn! Qǐng shāoděng.

乘　客　没关系。好的。
Méiguānxi. Hǎode.

〈잠시 후〉

乘务员　您好，我已经给您重启好了。
Nín hǎo, wǒ yǐjing gěi nín chóngqǐ hǎo le.

5分钟以后开启。麻烦您稍微等一下。
Wǔ fēnzhōng yǐhòu kāiqǐ. Máfan nín shāowēi děng yíxià.

先为您准备报纸和杂志。
Xiān wèi nín zhǔnbèi bàozhǐ hé zázhì.

乘　客　好的。谢谢！
Hǎode. Xièxie!

乘务员　别客气。如果没有显示，请再跟我们说一下。
Bié kèqi. Rúguǒ méiyǒu xiǎnshì, qǐng zài gēn wǒmen shuō yíxià.

❶ 동작이 행해지는 순서에 따라 동사(구)가 이어서 나타나는 구조의 문장을 연동문이라고 합니다.

🎤 Track 5-4-5

단어

突然 tūrán 〔부〕 갑자기 | **显示** xiǎnshì 〔동〕 뚜렷하게 나타내 보이다 | **稳定** wěndìng 〔형〕 안정되다 | **死机** sǐjī 〔동〕 컴퓨터가 다운(down)되다, 시스템에 문제가 생겨 일시적으로 중단되다 | **控制系统** kòngzhì xìtǒng 〔명〕 제어 시스템, 컨트롤 시스템 | **重启** chóngqǐ 리부팅(重新开启의 줄임말) | **已经** yǐjing 〔부〕 이미, 벌써 | **开启** kāiqǐ 〔동〕 (스위치 등을) 켜다 | **稍微** shāowēi 〔부〕 조금, 약간 | **报纸** bàozhǐ 〔명〕 신문 | **杂志** zázhì 〔명〕 잡지

승 객	저기요, 스크린이 갑자기 꺼졌는데, 어떻게 된 일입니까?

승 객 저기요, 스크린이 갑자기 꺼졌는데, 어떻게 된 일입니까?

승무원 제가 잠시 봐도 될까요? 시스템이 불안정하면 꺼질 수 있습니다.

앞쪽으로 가서 컨트롤 시스템으로 리셋하겠습니다.

정말 죄송합니다! 잠시만 기다려 주십시오.

승 객 괜찮습니다. 네.

〈잠시 후〉

승무원 손님, 제가 리셋은 했습니다.

5분 후에 켜질 예정이오니 불편하시더라도 잠시만 기다려 주십시오.

먼저 신문과 잡지를 준비해 드리겠습니다.

승 객 알겠습니다. 감사합니다!

승무원 아닙니다. 만약 화면이 안 나오면 다시 말씀해 주십시오.

문장연습

🎤 Track 5-4-6

让 + 대상 + 동사 + 一下。 ～(대상)에게 ～(동사)해 주세요.
Ràng + 대상 + 동사 + yíxià.

让	我 wǒ 저	看 kàn 보다	一下。	저에게 보여 주세요.
	后面的旅客 hòumian de lǚkè 뒤쪽 손님	过 guò 지나가다		뒤쪽 손님을 지나가게 해 주세요.
	孩子 háizi 아이	坐 zuò 앉다		아이를 앉혀 주세요.

엔터테인먼트 시스템 메뉴

장거리 비행의 지루함을 달래기 위해 많은 승객은 엔터테인먼트 시스템을 이용합니다. 승무원은 시스템 메뉴의 명칭과 리모컨 사용 방법을 알아두었다가 도움이 필요한 승객에게 사용 방법을 알려주어 편리하게 이용할 수 있도록 도와 드려야 합니다.

● 영화 电影 diànyǐng
액션영화 动作片 dòngzuòpiàn
멜로영화 浪漫片 làngmànpiàn
코미디영화 喜剧 xǐjù
공포영화 恐怖片 kǒngbùpiàn

您需要看电影或电视吗?
Nín xūyào kàn diànyǐng huò diànshì ma?
영화나 텔레비전을 시청하시겠습니까?

● TV 프로그램 电视节目 diànshì jiémù
애니메이션 动画片 dònghuàpiàn
버라이어티 综艺节目 zōngyì jiémù
시사 时事节目 shíshì jiémù
드라마 连续剧 liánxùjù

姐姐给你看动画片,你想看吗?
Jiějie gěi nǐ kàn dònghuàpiàn, nǐ xiǎng kàn ma?
언니가 애니메이션 보여 줄게요, 보고 싶으세요?

● 음악 音乐 yīnyuè
댄스음악 舞曲 wǔqǔ
발라드 情歌 qínggē
락 摇滚 yáogǔn
힙합 街舞 jiēwǔ
동요 童谣 tóngyáo

您想听什么音乐?
Nín xiǎng tīng shénme yīnyuè?
어떤 음악을 들으시겠습니까?

● 비행 정보 航路信息 hánglù xìnxī
시속 时速 shísù
고도 高度 gāodù
도착시간 到达时间 dàodá shíjiān
비행거리 飞行距离 fēixíng jùlí
비행시간 飞行时间 fēixíng shíjiān

您使用娱乐系统可以看到航路信息。
Nín shǐyòng yúlè xìtǒng kěyǐ kàndao hánglù xìnxī.
엔터테인먼트 시스템을 이용해 비행 정보를 보실 수 있습니다.

Tip 엔터테인먼트 시스템 리모컨 버튼 명칭

主页 zhǔyè 홈 | 确认 quèrèn 선택 | 上页 shàngyè 이전 화면 | 下页 xiàyè 다음 화면 | 暂停 zàntíng 잠시 멈춤 | 停止 tíngzhǐ 정지

연습문제

1. 다음 단어를 올바른 순서로 배열하고 병음을 쓰세요.

① 면세품 카탈로그는 좌석 주머니 안에 있습니다.

> 在　购物指南　的　口袋　您　座椅　里

문장 → ________________________________

병음 → ________________________________

② 화면을 눌러서 보고 싶으신 것을 선택하실 수 있습니다.

> 选择　通过　您　想看的　触摸屏　可以　来　节目

문장 → ________________________________

병음 → ________________________________

2. 다음 주어진 단어를 활용하여 대화를 연습해 보세요.

乘务员　您需要买送人的礼物吗?
　　　　Nín xūyāo mǎi sòngrén de lǐwù ma?

乘　客　我想买一瓶粉底。
　　　　Wǒ xiǎng mǎi yì píng fěndǐ.

一支口红	一瓶乳液	一瓶BB霜
yì zhī kǒuhóng	yì píng rǔyè	yì píng BB shuāng
립스틱 한 개	로션 한 병	비비크림 한 통

3. 본문 내용을 활용하여 다음 승객의 말에 알맞게 대답해 보세요.

승　객　我从北京转机去多伦多。你知道怎么转吗?
승무원　________________________________

판매의 달인

승무원들은 기내에서 면세품 카탈로그를 보여주거나, 카트를 끌고 다니면서 면세품을 판매합니다. 비행을 시작한 지 얼마 안 되었을 때는 중국인 승객들의 쏟아지는 질문에 "很好用! Hěn hǎo yòng! 네, 좋아요!, 试一试吧! Shì yi shì ba! 한번 써 보세요!" 같은 짧은 대답만 하였습니다. 하지만 지금은 면세품 카탈로그를 보고 계시는 승객에게 먼저 다가갑니다.

1단계 "有什么需要帮您的吗?"
Yǒu shénme xūyào bāng nín de ma?
"도움이 필요하신가요?"

2단계 "这款24K耳钉性价比很好!"
Zhè kuǎn èrshísì K ěrdìng xìngjiàbǐ hěn hǎo!
"이 24K 귀걸이는 가성비가 좋습니다!"

"您的皮肤干的话，推荐这一款补水面膜!"
Nín de pífū gàn dehuà, tuījiàn zhè yì kuǎn bǔshuǐ miànmó!
"피부가 건조하시면, 이 수분 마스크팩을 사용하실 것을 추천합니다!"

"刚好现在在打折，现在购买的话便宜10多美金呢。"
Gānghǎo xiànzài zài dǎzhé, xiànzài gòumǎi dehuà piányi shí duō měijīn ne.
"마침 지금 세일 중입니다. 지금 구매하시면 10달러 이상 저렴합니다."

3단계 "您都不用考虑了!"
Nín dōu búyòng kǎolù le!
"손님, 고민하실 필요도 없습니다!"

"这款是我们乘务员的最爱!"
Zhè kuǎn shì wǒmen chéngwùyuán de zuì'ài!
"이것은 저희 승무원이 가장 좋아하는 상품입니다!"

듣기 좋은 말로 승객의 구매를 유도할 뿐 아니라 제가 추천한 상품을 구매하시고 또 만족해 하시는 것을 보면 뿌듯하면서도 기분이 참 좋습니다. 여러분도 판매의 달인이 되어 보는 것은 어떠세요?

* 면세 용어 : 부록 254p

6

일레귤러 상황
特殊情況

터블런스
突发颠簸

▶ **학습 목표**

터블런스 상황에 적절하게 대처할 수 있습니다.
화상을 입은 승객에게 응급처치를 할 수 있습니다.

서비스 미리보기

터블런스(突发颠簸 tūfā diānbǒ) 발생 시, 승무원은 승객들이 다치거나 위험에 처하지 않도록 기내를 유심히 관찰해야 합니다. 빠른 시간 내에 방송을 통해 객실 이동 및 화장실 사용을 금지해야 하며, 사무장의 지시에 따라 서비스 플랜을 변경 및 조정하고 비행기 흔들림 정도에 따라 뜨거운 음료 서비스를 중지해야 합니다. 터블런스가 끝난 후 다친 손님이 없는지, 기내 설비나 주방 설비가 떨어지거나 고장이 나지는 않았는지 살펴본 후 사무장에게 보고합니다.

〈식사 서비스 중 터뷸런스〉 Track 6-1-1

乘务员　先生，我们为您准备了中餐和西餐。
Xiānsheng, wǒmen wèi nín zhǔnbèi le zhōngcān hé xīcān.

中餐有白粥，西餐有鸡蛋卷，您喜欢哪一种?
Zhōngcān yǒu báizhōu, xīcān yǒu jīdànjuǎn, nín xǐhuan nǎ yì zhǒng?

乘　客　我要中餐。我女儿要西餐。
Wǒ yào zhōngcān. Wǒ nǚ'ér yào xīcān.

乘务员　好的。给您中餐。先生，现在飞机有些颠簸。
Hǎode. Gěi nín zhōngcān. Xiānsheng, xiànzài fēijī yǒuxiē diānbǒ.

而且中餐很烫，请您小心烫手❶。
Érqiě zhōngcān hěn tàng, qǐng nín xiǎoxīn tàngshǒu.

我把西餐的热食放在远离小朋友的地方。
Wǒ bǎ xīcān de rèshí fàng zài yuǎnlí xiǎopéngyou de dìfang.

请注意安全❷。
Qǐng zhùyì ānquán.

乘　客　好的。能给我倒一杯热水吗?
Hǎode. Néng gěi wǒ dào yì bēi rèshuǐ ma?

乘务员　先给您倒半杯或者给您加点凉水，怎么样?
Xiān gěi nín dào bàn bēi huòzhě gěi nín jiā diǎn liángshuǐ, zěnmeyàng?

乘　客　给我加点凉水吧。
Gěi wǒ jiā diǎn liángshuǐ ba.

乘务员　好的。给您。请拿好。
Hǎode. Gěi nín. Qǐng náhǎo.

> ❶❷ 승객에게 주의할 것을 권유할 때는 **请注意, 请小心**으로 표현합니다. **请小心**은 주로 부정적인 의미를 지닌 단어와, **请注意**는 주로 긍정적인 의미를 지닌 단어와 함께 사용합니다.

Track 6-1-2

단어

鸡蛋卷 jīdànjuǎn 몡 오믈렛 ｜ 颠簸 diānbǒ 됭 흔들리다, 요동하다 ｜ 烫手 tàngshǒu 됭 손을 데다, 손에 화상을 입다 ｜ 远离 yuǎnlí 됭 멀리 떠나다, 멀리 떨어지다 ｜ 倒 dào 됭 붓다, 따르다 ｜ 热水 rèshuǐ 몡 펄펄 끓인 물, 따뜻한 물 ｜ 加 jiā 됭 더하다, 첨가하다 ｜ 凉水 liángshuǐ 몡 냉수, 찬물

승무원	손님, 식사로 중식과 양식을 준비했습니다.
	중식은 흰죽이, 양식은 오믈렛이 있습니다. 어떤 것으로 하시겠습니까?
승 객	중식으로 할게요. 제 딸은 양식으로 주세요.
승무원	네, 중식으로 준비해 드리겠습니다. 손님, 현재 비행기가 조금 흔들리고 있습니다.
	죽이 매우 뜨거우니 손이 데지 않도록 조심해 주십시오.
	양식의 핫 밀은 어린이 손님에게서 멀리 놓아 드리겠습니다.
	조심해 주십시오.
승 객	알겠습니다. 따뜻한 물 한 잔 주시겠어요?
승무원	우선 반 잔만 따라드릴까요 아니면 차가운 물을 조금 넣어 드리는 건 어떠신가요?
승 객	그럼 찬물을 좀 섞어 주세요.
승무원	알겠습니다, 여기 있습니다. 조심히 받아 주십시오.

문장연습

您喜欢哪一＋양사? 당신은 어떤 ～(양사)를 좋아하세요?
Nín xǐhuan nǎ yì + 양사?

您喜欢哪一	类 lèi 종류	?	당신은 어떤 종류를 좋아하세요?
	首 shǒu 곡		당신은 어떤 곡을 좋아하세요?
	款 kuǎn 스타일		당신은 어떤 스타일을 좋아하세요?

〈음료 서비스 중 터뷸런스〉 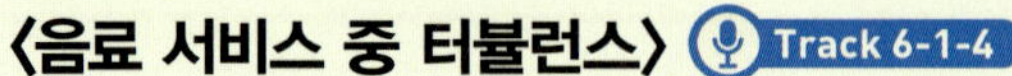 Track 6-1-4

乘客1 你好。能给我倒一杯咖啡吗?
Nǐ hǎo. Néng gěi wǒ dào yì bēi kāfēi ma?

乘务员 抱歉。飞机有些颠簸，暂时不能提供热饮服务。
Bàoqiàn. Fēijī yǒuxiē diānbǒ, zànshí bù néng tígōng rèyǐn fúwù.

飞机平稳以后可以吗? 还是现在先给您倒别的饮料。
Fēijī píngwěn yǐhòu kěyǐ ma? Háishi xiànzài xiān gěi nín dào biéde yǐnliào.

乘客1 那就要一杯水。
Nà jiù yào yì bēi shuǐ.

乘务员 好的。请稍等。
Hǎode. Qǐng shāoděng.

乘客2 请问，现在可以使用卫生间吗?
Qǐngwèn, xiànzài kěyǐ shǐyòng wèishēngjiān ma?

乘务员 请小心使用。在卫生间里❶扶好把手。
Qǐng xiǎoxīn shǐyòng. Zài wèishēngjiān li fúhǎo bǎshou.

乘客2 好的。
Hǎode.

❶ '在+명사+里'의 형식으로 쓰이면 장소를 나타냅니다. 참고로 고유명사인 지명은 방위사와 함께 쓰이지 않습니다.
예) 我在上海。(O)
　　他在北京里。(×)
　　眼镜放在桌子上。(O)

 Track 6-1-5

단어

暂时 zànshí 몡 잠시, 잠깐 | 平稳 píngwěn 휑 안정되다, 평온하다 | 扶 fú 동 짚다, 지탱하다 | 把手 bǎshou 몡 손잡이, 핸들

승객 1 저기요, 커피 한 잔 주실 수 있나요?

승무원 죄송합니다. 비행기가 흔들려서 뜨거운 음료 서비스가 잠시 중단되었습니다. 비행기가 안정되면 준비해 드려도 될까요? 아니면 먼저 다른 음료를 준비해 드리겠습니다.

승객 1 그럼 그냥 물 주세요.

승무원 알겠습니다. 잠시만 기다려 주십시오.

승객 2 저기요, 지금 화장실 사용은 가능한가요?

승무원 조심해서 사용해 주십시오. 화장실 안에서는 손잡이를 꼭 잡아 주세요.

승객 2 알겠습니다.

문장연습

Track 6-1-6

能给我…吗?
Néng gěi wǒ … ma? ～해 주실 수 있나요?

能给我	提供晚餐 tígōng wǎncān 저녁 식사를 제공하다	吗?	저녁 식사를 준비해 주실 수 있나요?
	倒一杯水 dào yì bēi shuǐ 물 한 잔 따르다		물 한 잔 따라 주실 수 있나요?
	收餐盘 shōu cānpán 트레이를 회수하다		트레이를 정리해 주실 수 있나요?

〈화상을 입은 경우〉 🎙 Track 6-1-7

乘 客　乘务员！刚才飞机颠簸的时候，咖啡洒到手上了。
Chéngwùyuán! Gāngcái fēijī diānbǒ de shíhou, kāfēi sǎdào shǒu shàng le.

乘务员　您没事吗？先用冰块敷一下。
Nín méishì ma? Xiān yòng bīngkuài fū yíxià.

马上给你拿烫伤膏。
Mǎshàng gěi nǐ ná tàngshānggāo.

〈화상 연고를 가져온 후〉

乘务员　给您烫伤膏。抹一下。
Gěi nín tàngshānggāo. Mǒ yíxià.

您戴着❶手套吧，这样烫伤膏会吸收得❷快一点。
Nín dàizhe shǒutào ba, zhèyàng tàngshānggāo huì xīshōu de kuài yìdiǎn.

乘 客　好的。
Hǎode.

乘务员　再给您拿一点冰，在烫伤部位上再敷一下。
Zài gěi nín ná yìdiǎn bīng, zài tàngshāng bùwèi shang zài fū yíxià.

疼得受不了或者❸起泡的话，及时跟我们联系，好吗？
Téng de shòu bu liǎo huòzhě qǐpào dehuà, jíshí gēn wǒmen liánxì, hǎo ma?

乘 客　好的。谢谢。
Hǎode. Xièxie.

❶ 동사 뒤에 着를 붙이면 동작의 상태가 지속됨을 나타냅니다.

❷ 정도보어 得는 형용사와 동사 뒤에 놓여 그 형용사나 동사가 나타내는 상태, 동작, 행위에 대한 구체적인 정보를 나타냅니다.

❸ '～이든지 아니면 ～이다'의 뜻으로, 선택관계를 나타냅니다. 或者는 평서문에서, 还是는 의문문에서 사용합니다.

🎙 Track 6-1-8

단어

洒 sǎ 동 엎지르다 ┃ 没事 méishì 동 괜찮다, 상관없다 ┃ 敷 fū 동 바르다, 칠하다 ┃ 烫伤膏 tàngshāng gāo 명 화상 연고 ┃ 抹 mǒ 동 바르다 ┃ 戴 dài 동 착용하다 ┃ 手套 shǒutào 명 장갑 ┃ 吸收 xīshōu 동 흡수하다 ┃ 起泡 qǐpào 동 물집이 생기다 ┃ 及时 jíshí 부 즉시, 곧바로

승 객	승무원님! 방금 비행기가 흔들릴 때 커피를 손에 쏟았어요.
승무원	괜찮으십니까? 우선 이 얼음을 화상 부위에 올려 주세요.
	바로 화상 연고를 가지고 오겠습니다.
	〈화상 연고를 가져온 후〉
승무원	이 화상 연고를 충분히 발라 주십시오.
	장갑을 끼고 계세요. 이렇게 하면 연고가 더 빨리 스며듭니다.
승 객	네, 알겠습니다.
승무원	얼음을 좀 더 준비해 드리겠습니다. 화상 부위에 또 올려 주십시오.
	너무 참기 힘드시거나 물집이 올라오면, 그 즉시 저희에게 알려 주십시오.
승 객	알겠습니다. 감사합니다.

문장연습

🎤 Track 6-1-9

您戴着…吧。 ~를 끼고 계세요.
Nín dàizhe … ba.

您戴着	眼罩 yǎnzhào 안대	吧。	안대를 쓰고 계세요.
	氧气面罩 yǎngqì miànzhào 산소마스크		산소마스크를 끼고 계세요.
	耳塞 ěrsāi 귀마개		귀마개를 끼고 계세요.

All about 터뷸런스

터뷸런스는 각종 예상치 못한 원인으로 갑자기 비행기가 흔들리는 것을 말하며, 그 정도에 따라 작은 타박상을 입거나 혹은 큰 사고로까지 이어질 수 있습니다. 터뷸런스 시 발생할 수 있는 사고 예방법을 익혀 승객들과 승무원 자신의 안전을 지키고 위험 상황이나 사고에 대처할 수 있도록 합니다.

1. 날씨 조사 了解天气 liǎojiě tiānqì

비행 전 비행 경로의 날씨를 조사한다.

2. 플라이트 플랜 조정
调整飞行计划 tiáozhěng fēixíng jìhuà

브리핑 시 기장님의 플라이트 플랜에 대해 경청하고 사무장은 날씨에 따라 플라이트 플랜을 조정한다.

3. 안전 검사 실시
落实安全检查 luòshí ānquán jiǎnchá

이착륙 시 승객의 안전벨트, 등받이, 테이블 등에 대한 안전 검사를 철저하게 한다.

4. 설비 점검 확인
确认设备检查 quèrèn shèbèi jiǎnchá

안전 검사 시 짐칸, 주방 및 각종 기내 설비의 고장은 없는지, 문은 잘 닫혀 있는지 등을 확인한다.

5. 객실 서비스 중지 停止服务 tíngzhǐ fúwù

약한 흔들림이 있을 때는 뜨거운 음료 서비스만 중지하고, 강한 흔들림이 있을 때는 서비스를 멈추고 카트를 고정한 후 가까운 좌석이나 통로에 앉아 자세를 고정한다.

6. 안내 방송 广播通知 guǎngbō tōngzhī

기장실에서 안전벨트 표시등을 켜면 방송을 통해 안전벨트 착용 및 좌석 이동 금지, 화장실 사용 중지를 권고한다.

7. 사후 대처 事后检查 shìhòu jiǎnchá

터뷸런스 후 다친 승객은 없는지, 도움이 필요한 승객은 없는지, 객실 설비 및 주방 설비가 고장 나지는 않았는지 등을 확인한다.

8. 상황 보고 报告情况 bàogào qíngkuàng

각 구역의 승무원들은 주임 사무장에게 상황 보고를 하고, 문제 발생 시 사무장은 기장에게 보고 후 터뷸런스가 발생한 시각과 상황을 자세히 기록한다.

02

기내 환자
机上患者

▶ **학습 목표**

몸이 아픈 승객에게 증상을 묻고 응급조치를 할 수 있습니다.

서비스 미리보기

비행을 하다 보면 귀 통증, 멀미나 구토 등의 가벼운 증상을 호소하는 승객부터, 질병으로 인한 의사의 진단서를 지니고 탑승하는 승객, 휠체어나 들것을 이용하는 승객, 비행 중 심한 심장 통증이나 의식을 잃는 승객까지, 몸이 아픈 다양한 승객을 만나게 됩니다. 승무원은 몸이 아픈 승객을 발견하면, 당황하지 말고 승객에게 증상을 자세하게 물어보고 신속하게 대처해야 하며, 빠른 시간 안에 사무장과 기장에게 보고한 후 사무장과 기장의 판단에 따라 응급조치를 취하거나 의사를 찾는 방송을 해야 합니다.

〈증상 묻기〉 🎙 Track 6-2-1

乘务员　您怎么了？不舒服吗？
Nín zěnme le? Bù shūfu ma?

乘　客　我突然呼吸困难，感觉非常闷。
Wǒ tūrán hūxī kùnnan, gǎnjué fēicháng mēn.

乘务员　您平时有过❶这种症状吗？
Nín píngshí yǒuguo zhè zhǒng zhèngzhuàng ma?

　　　　还有别的不舒服的地方吗？
Háiyǒu biéde bù shūfu de dìfang ma?

乘　客　虽然平时心脏不太好，但是❷这样的症状第一次发生。
Suīrán píngshí xīnzàng bú tài hǎo, dànshì zhèyàng de zhèngzhuàng dì yī cì
fāshēng.

乘务员　您带了药吗？
Nín dài le yào ma?

乘　客　今天没带。
Jīntiān méi dài.

乘务员　您试一下深呼吸。我先给您倒一杯温水。
Nín shì yíxià shēn hūxī. Wǒ xiān gěi nín dào yì bēi wēnshuǐ.

　　　　如果您实在受不了的话，及时告诉我们。
Rúguǒ nín shízài shòu bu liǎo dehuà, jíshí gàosu wǒmen.

乘　客　好的。谢谢！
Hǎode. Xièxie!

❶ 동사 뒤에 过를 붙여 '～한 적이 있다'
는 경험을 표현합니다. 이 때 过는 경
성으로 발음합니다.

❷ '비록 ～하지만(일지라도), ～하다'의 의
미로, 뒤 구절에는 앞 구절과 상반되는
내용이 옵니다. 虽然은 앞 구절 주어의
앞이나 뒤에 오며, 뒤 구절에는 일반적
으로 但是 dànshì, 可是 kěshì, 却是
quèshì 등과 호응하여 쓰입니다.

🎙 Track 6-2-2

단어

突然 tūrán 🖣 갑자기 | 呼吸 hūxī 🖥 호흡하다, 숨을 쉬다 | 困难 kùnnan 🖣 곤란하다, 어렵다 | 闷 mēn 🖣
답답하다, 갑갑하다 | 平时 píngshí 🖣 평소, 평상시 | 心脏 xīnzàng 🖣 심장, 중심부 | 症状 zhèngzhuàng
🖣 증상 | 带 dài 🖥 지니다, 휴대하다 | 药 yào 🖣 약 | 实在 shízài 🖣 정말로, 참으로 | 受不了 shòu bu
liǎo 🖥 견딜 수 없다, 참을 수 없다 | 及时 jíshí 🖣 즉시, 당장 | 告诉 gàosu 🖥 말하다, 알리다

승무원	손님, 어디 불편하십니까?
승 객	갑자기 호흡이 가쁘고, 너무 답답해요.
승무원	평소에도 이런 증상을 보이신 적이 있으십니까?
	다른 불편한 곳이 있으신가요?
승 객	평소 심장이 안 좋긴 했지만, 이런 증상은 처음이에요.
승무원	약은 가지고 계십니까?
승 객	오늘은 안 가지고 왔어요.
승무원	크게 호흡해 보십시오. 우선 따뜻한 물을 가져다 드리겠습니다.
	만약에 정말 못 참겠다 싶으시면, 즉시 저희 승무원에게 알려 주십시오.
승 객	네, 감사합니다!

문장연습

🎙 Track 6-2-3

주어＋동사＋ 不了。   ～(주어)는 ～(동사)할 수 없습니다.
주어＋동사＋bu liǎo.

这个座位靠背 Zhège zuòwèi kàobèi 이 좌석의 등받이	调 tiáo 조절하다	이 좌석의 등받이는 조절할 수 없습니다.
这个条件 Zhège tiáojiàn 이 조건	接受 jiēshòu 받아들이다	이 조건은 받아들일 수 없습니다.
这个菜 Zhège cài 이 요리	吃 chī 먹다	이 요리는 먹을 수 없습니다.

不了。

〈사무장 보고〉 🎤 Track 6-2-4

乘务员　乘务长，刚刚有一位旅客说不舒服。
Chéngwùzhǎng, gānggāng yǒu yí wèi lǚkè shuō bù shūfu.

乘务长　他坐在哪里?
Tā zuò zài nǎli?

乘务员　坐在53D。是一位韩国男士，大概40岁左右。
Zuò zài wǔshísān D. Shì yí wèi Hánguó nánshì, dàgài sìshí suì zuǒyòu.

　　　　他说平时心脏不好。
Tā shuō píngshí xīnzàng bù hǎo.

乘务长　他情况怎么样? 自己有带药吗?
Tā qíngkuàng zěnmeyàng? Zìjǐ yǒu dài yào ma?

乘务员　他说没带药，他有点呼吸困难。
Tā shuō méi dài yào, tā yǒudiǎn hūxī kùnnan.

　　　　我先给他倒了一杯热水。
Wǒ xiān gěi tā dào le yì bēi rèshuǐ.

乘务长　好的。你把情况告诉别的乘务员，大家都全程关注一下。
Hǎode. Nǐ bǎ qíngkuàng gàosu biéde chéngwùyuán, dàjiā dōu quánchéng guānzhù yíxià.

乘务员　好的。如果他越来越❶严重怎么办?
Hǎode. Rúguǒ tā yuèláiyuè yánzhòng zěnme bàn?

乘务长　如果病情不好转，把他转到第一排，准备氧气瓶❷吧。
Rúguǒ bìngqíng bù hǎozhuǎn, bǎ tā zhuǎndào dì yī pái, zhǔnbèi yǎngqìpíng ba.

　　　　我会广播找医生。
Wǒ huì guǎngbō zhǎo yīshēng.

乘务员　好的。
Hǎode.

❶ '점점', '더욱 더'라는 뜻으로 뒤에 동사나 형용사가 와서 '~할수록 ~하다'의 의미를 나타냅니다.
❷ 기내에는 비상 상황을 대비해 산소통뿐만 아니라 소화기(灭火器 mièhuǒqì), 방독면(防烟面罩 fángyān miànzhào), 약 상자(药箱 yàoxiāng) 등의 비상 응급 설비가 구비되어 있습니다.

🎤 Track 6-2-5

단어

舒服 shūfu 혱 쾌적하다, 안락하다 | **大概** dàgài 혱 대략적인, 대강의 | **情况** qíngkuàng 몡 상황, 정황 | **全程** quánchéng 몡 전 과정 | **关注** guānzhù 동 주시하다, 관심을 가지다 | **严重** yánzhòng 혱 심각하다, 매우 심하다 | **好转** hǎozhuǎn 동 호전되다 | **氧气瓶** yǎngqìpíng 몡 산소통 | **广播** guǎngbō 동 방송하다

승무원	사무장님, 방금 어떤 한 손님께서 몸이 불편하다고 하셨습니다.
사무장	어디에 앉아 계신 손님인가요?
승무원	53D 좌석에 앉아 계십니다. 한국인 남성이고, 나이는 약 40세 정도입니다. 평소에 심장이 안 좋다고 하셨습니다.
사무장	증상은 어떻습니까? 본인이 가지고 있는 약이 있습니까?
승무원	약은 안 가지고 오셨다고 합니다. 호흡은 조금 힘들어 하십니다. 우선 따뜻한 물을 따라 드렸습니다.
사무장	네. 다른 승무원들에게 상황을 알리고, 다들 비행 내내 주의 깊게 관찰하세요.
승무원	알겠습니다. 상황이 점점 안 좋아지면 어떻게 할까요?
사무장	만약 증상이 호전되지 않으면 승객을 첫 번째 줄로 옮겨 주시고 산소통을 준비해 주세요. 저는 방송으로 의사를 찾겠습니다.
승무원	알겠습니다.

문장연습

🎙 **Track 6-2-6**

주어＋越来越＋형용사。 ～(주어)가 점점 ～(형용사)해지다.
주어＋yuèláiyuè＋형용사.

肚子 Dùzi 배		疼 téng 아프다	배가 점점 아프다.
天气 Tiānqì 날씨	越来越	热 rè 덥다	날씨가 점점 더워진다.
情况 Qíngkuàng 상황		好 hǎo 좋다	상황이 점점 좋아진다.

〈귀가 아픈 승객〉 Track 6-2-7

乘　客　你好！我耳朵很疼，有没有对耳朵好的药啊？
Nǐ hǎo! Wǒ ěrduo hěn téng, yǒu méiyǒu duì ěrduo hǎo de yào a?

乘务员　抱歉，在机上没有对耳朵疼的药。
Bàoqiàn, zài jīshang méiyǒu duì ěrduo téng de yào.

起飞落地时，气压的影响会导致耳朵不舒服。
Qǐfēi luòdì shí, qìyā de yǐngxiǎng huì dǎozhì ěrduo bù shūfu.

乘　客　那怎么办？疼得受不了了。
Nà zěnme bàn? Téng de shòu bu liǎo le.

乘务员　您试一下。先捏鼻子，闭上嘴巴，往嘴巴里鼓气。
Nín shì yíxià. Xiān niē bízi, bìshang zuǐba, wǎng zuǐba li gǔqì.

或者给您倒一杯温水，喝水后张口深呼吸，
Huòzhě gěi nín dào yì bēi wēnshuǐ, hē shuǐ hòu zhāngkǒu shēn hūxī,

假装打哈欠。
jiǎzhuāng dǎ hāqian.

这样做的话，耳朵会打通的。
Zhèyàng zuò dehuà, ěrduo huì dǎtōng de.

乘　客　好点了。再给我倒一杯水，好吗？谢谢！
Hǎo diǎn le. Zài gěi wǒ dào yì bēi shuǐ, hǎo ma? Xièxie!

乘务员　好的，不客气。
Hǎode, bú kèqi.

Track 6-2-8

단어

耳朵 ěrduo 몡 귀 | 气压 qìyā 몡 기압 | 导致 dǎozhì 됭 야기하다, 초래하다 | 捏 niē 됭 잡다, 쥐다 | 鼻子 bízi 몡 코 | 闭上 bìshang 됭 닫다, (입을) 다물다, (눈을) 감다 | 嘴巴 zuǐba 몡 [낮은말] 입 | 鼓气 gǔqì 됭 공기를 불어넣다 | 张口 zhāngkǒu 됭 입을 열다, 입을 벌리다 | 深呼吸 shēn hūxī 몡 심호흡하다 | 打哈欠 dǎ hāqian 됭 하품을 하다 | 打通 dǎtōng 됭 통하게 하다, 트이게 하다

승 객	저기요! 귀가 너무 아픈데, 귀가 아플 때 먹는 약이 있나요?
승무원	죄송합니다만, 기내에는 귀가 아플 때 먹는 약은 없습니다.
	이착륙 시 기압의 영향을 받아 귀가 아플 수는 있습니다.
승 객	그럼 어떻게 해야 하나요? 견디기 힘들 만큼 아픕니다.
승무원	코를 잡고 입을 다문 후, 숨을 크게 쉬어 양 볼을 부풀려 보세요.
	아니면 제가 따뜻한 물을 가져다 드릴 테니, 물을 삼키시고 입을 벌려 심호흡
	하듯이 하품을 해 보세요.
	이렇게 하면 귀가 뚫릴 수 있습니다.
승 객	좀 나아졌어요. 물 한 잔만 더 주시겠습니까? 감사합니다!
승무원	네, 천만에요.

문장연습

 Track 6-2-9

…有没有…? ~에/은 ~가 있습니까?
… yǒu méiyǒu …?

飞机上 Fēijī shang 비행기에		指甲刀 zhǐjiǎdāo 손톱깎이		비행기에 손톱깎이가 있습니까?
您 Nín 당신	有没有	登机牌 dēngjīpái 탑승권	?	당신은 탑승권을 가지고 있습니까?
您 Nín 당신		托运的行李 tuōyùn de xíngli 부칠 짐		당신은 부치실 짐이 있습니까?

기내 응급 대처법

비행 중에 터뷸런스를 겪거나, 오랜 시간 한 자세로 앉아서 신문이나 잡지를 읽으면 현기증을 일으키거나 멀미를 할 수 있습니다. 이로 인해 불편을 호소하는 승객에 대한 간단한 조치 방법부터 긴급 상황에 대한 대처까지, 상황에 따른 적절하고 빠른 기내 응급 대처법을 알아봅시다.

● **멀미하는 승객 晕机旅客** yùnjī lǚkè

① 의자를 뒤로 젖혀 편안한 자세를 취하도록 한다.

② 통풍이 가능하도록 에어벤트를 연다.

③ 물을 충분히 마시도록 해 준다.

④ 승객이 약을 요청할 경우, 약의 특성을 설명한 후 기내에 탑재된 멀미약을 준다.

● **기절한 승객 晕倒的旅客** yūndǎo de lǚkè

① 바닥에 쓰러진 경우: 두 다리를 하늘 높이 들어 준다.

② 좌석에서 기절한 경우: 무릎과 무릎 사이에 얼굴을 넣어 머리 쪽으로 피가 통하게 한다.

③ 다친 부위를 체크하고 1분이 지나도 의식이 없으면 사무장에게 보고한 후 의사나 간호사를 찾는다.

④ 설탕을 넣은 따뜻한 물이나, 설탕을 넣은 오렌지 주스 등을 준비해 준다.

> **Tip 설탕물은 만병통치약?**
>
> 중국에는 속이 안 좋거나 여성 진통이 있을 때 따뜻한 설탕물인 **红糖水** hóngtángshuǐ를 마시는 민간요법이 있습니다. 실제로 설탕은 혈액 순환을 돕고 몸을 따뜻하게 해주는 효과가 있어 근육 완화에도 좋다고 합니다. 기내에서 몸이 안 좋은 승객을 만나면 당황하기 마련인데요, 기내에 실린 약은 한정되어 있고, 부작용의 위험도 있기 때문에 함부로 증상을 판단하여 약을 주는 것은 위험합니다. 갑자기 현기증을 일으키거나, 추운 기내환경으로 장시간 몸이 긴장한 승객에게 먼저 **红糖水**를 한 잔 따라 드린다면 센스 있는 승무원이 되겠죠?

● **화상을 입은 승객 烫伤旅客** tàngshāng lǚkè

① 1분 내에 얼음이나 차가운 물로 화상 부위의 온도를 낮춰준다.

② 빠른 시간 안에 기내에 구비된 화상 연고를 발라 준다.

③ 살에 옷이 달라붙었을 수 있으므로 화상 부위의 옷은 떼어내지 않는다.

④ 사무장에게 보고한 후 지속적으로 승객의 상태를 체크한다.

> **Tip 응급 상황 시 사용할 수 있는 단어와 표현**
>
> **发热** fārè 동 열이 나다 | **头疼** tóuténg 동 머리가 아프다 | **咳嗽** késou 동 기침이 나다 | **恶心** ěxīn 동 속이 울렁거린다 | **感冒** gǎnmào 동 감기에 걸리다 | **酸疼** suānténg 형 몸살이 나다 | **肚子疼** dùziténg 배가 아프다 | **拉肚子** lā dùzi 설사하다 | **好像要吐了** hǎoxiàng yào tù le 토할 것 같다 | **肿了扁桃腺** zhǒng le biǎntáoxiàn 편도선이 부었다 | **月经痛** yuèjīngtòng 생리통이 있다 | **压耳** yā'ěr 귀의 압력 이상으로 인한 통증이 있다

지연

航班延误

▶ **학습 목표**

승객에게 지연 사유를 안내할 수 있습니다.
지연으로 인한 승객의 항의에 적절하게 대처할 수 있습니다.

서비스 미리보기

비행을 하다 보면 간혹 예상치 못한 원인으로 인해 비행 스케줄을 정확하게 지키지 못하고 지연(航班延误 hángbān yánwù) 되는 상황을 만날 수 있습니다. 승무원들은 지연 상황을 정확히 파악하고 방송을 통해 그 원인을 승객들에게 통지해야 하며 적절한 멘트를 사용하여, 사과의 말씀 및 앞으로의 계획을 알려주어 승객들과 소통하도록 합니다. 또한 지연으로 인해 도착지에서 경유 항공편을 탑승하지 못했거나 일정에 문제가 생긴 승객, 오랜 시간 비행으로 인하여 몸이 불편한 승객이 있을 경우 사무장에게 보고 후 최대한 도움을 줄 수 있도록 조치합니다.

〈날씨로 인한 지연〉 🎙 Track 6-3-1

乘 客　你好，乘务员。飞机为什么不起飞呢?
Nǐ hǎo, chéngwùyuán. Fēijī wèishénme bù qǐfēi ne?

乘务员　您好，很抱歉。
Nín hǎo, hěn bàoqiàn.

我们正在❶等待航空管制的命令，
Wǒmen zhèngzài děngdài hángkōng guǎnzhì de mìnglìng,

所以稍微推迟了起飞时间。
suǒyǐ shāowēi tuīchí le qǐfēi shíjiān.

乘 客　是什么原因啊?
Shì shénme yuányīn a?

乘务员　现在纽约的天气不好。纽约的塔台暂时不让起飞。
Xiànzài Niǔyuē de tiānqì bù hǎo. Niǔyuē de tǎtái zànshí bú ràng qǐfēi.

乘 客　具体什么时候起飞?
Jùtǐ shénme shíhou qǐfēi?

乘务员　还不能确定。机组跟塔台管制部门正在沟通相关内容。
Hái bù néng quèdìng. Jīzǔ gēn tǎtái guǎnzhì bùmén zhèngzài gōutōng xiāng guān nèiróng.

请你耐心等待。
Qǐng nǐ nàixīn děngdài.

乘 客　知道了。
Zhīdao le.

乘务员　真抱歉。有消息及时广播通知您。
Zhēn bàoqiàn. Yǒu xiāoxi jíshí guǎngbō tōngzhī nín.

❶ '한창 ~하고 있다'는 뜻으로, 동사 앞에 위치해 동작이나 행위가 진행되고 있음을 나타냅니다.

🎙 Track 6-3-2

단 어

为什么 wèishénme 🔸 왜, 어째서 | 起飞 qǐfēi 🔸 이륙하다 | 管制 guǎnzhì 🔸 관제하다, 통제하다 | 命令 mìnglìng 🔸 지시, 명령 | 推迟 tuīchí 🔸 뒤로 미루다, 늦추다 | 纽约 Niǔyuē 🔸 뉴욕 | 塔台 tǎtái 🔸 관제탑 | 机组 jīzǔ 🔸 운항 승무원 | 沟通 gōutōng 🔸 소통하다 | 耐心 nàixīn 🔸 참을성이 있다, 인내심이 강하다 | 消息 xiāoxi 🔸 소식, 정보

승 객	저기요, 승무원님. 비행기가 왜 아직 이륙을 안 하는 거죠?
승무원	네, 죄송합니다.
	현재 항공관제탑의 이륙 허가를 기다리고 있어서,
	이륙 시간이 잠시 미뤄졌습니다.
승 객	원인이 뭐죠?
승무원	현재 뉴욕의 날씨가 좋지 않아, 뉴욕 관제탑에서 잠시 이륙을 허가하지 않고 있습니다.
승 객	구체적인 이륙 시간이 나왔나요?
승무원	아직 확정되지 않았습니다. 운항 승무원이 현재 관제탑과 관련 내용을 소통하고 있습니다.
	잠시만 기다려 주시기 바랍니다.
승 객	알겠습니다.
승무원	정말 죄송합니다. 새로운 소식이 들어오는 대로 바로 방송을 통해 알려 드리겠습니다.

我们正在等待…。 저희는 현재 ~를 기다리고 있습니다.
Wǒmen zhèngzài děngdài ….

我们正在等待

几位旅客的登机 jǐ wèi lǚkè de dēngjī 승객 몇 분의 탑승	저희는 현재 승객 몇 분의 탑승을 기다리고 있습니다.
检疫部门的资料 jiǎnyì bùmén de zīliào 검역 서류	저희는 현재 검역 서류를 기다리고 있습니다.
货舱的货物手续 huòcāng de huòwù shǒuxù 화물칸의 수하물 수속	저희는 현재 화물칸의 수하물 수속을 기다리고 있습니다.

〈이륙 허가 대기〉 🎤 Track 6-3-4

〈이륙 지연 안내방송 후〉

乘　客　乘务员！刚才广播说我们的飞机晚点起飞。
Chéngwùyuán! Gāngcái guǎngbō shuō wǒmen de fēijī wǎndiǎn qǐfēi.

我要在广州参加很重要的会议。
Wǒ yào zài guǎngzhōu cānjiā hěn zhòngyào de huìyì.

能不能快点啊？
Néng bu néng kuài diǎn a?

乘务员　很抱歉影响您的行程。
Hěn bàoqiàn yǐngxiǎng nín de xíngchéng.

乘　客　到底晚点多长时间？
Dàodǐ wǎndiǎn duōcháng shíjiān?

乘务员　刚才乘务长广播说前面有6架飞机，
Gāngcái chéngwùzhǎng guǎngbō shuō qiánmian yǒu liù jià fēijī,

估计晚点30分钟左右。
gūjì wǎndiǎn sānshí fēnzhōng zuǒyòu.

乘　客　哎呀。赶不上怎么办呀？
Āiyā. Gǎn bu shàng zěnme bàn ya?

乘务员　对不起。
Duìbuqǐ.

为了让您优先下飞机，落地之前给您换第一排，好吗？
Wèile ràng nín yōuxiān xià fēijī, luòdì zhīqián gěi nín huàn dì yī pái, hǎo ma?

乘　客　这样太给力了。谢谢。
Zhèyàng tài gěilì le. Xièxie.

🎤 Track 6-3-5

단어

晚点 wǎndiǎn 동 연착하다, 규정된 시간보다 늦다 | 广州 Guǎngzhōu 지명 광저우 | 会议 huìyì 명 회의 | 行程 xíngchéng 명 노정, 여정 | 到底 dàodǐ 부 도대체 | 估计 gūjì 동 추측하다, 짐작하다 | 优先 yōuxiān 동 우선하다 | 给力 gěilì 최고다, 강하다(중국 북방 방언으로 '최고다'라는 뜻)

〈이륙 지연 안내방송 후〉

승 객　승무원님! 방금 방송에서 우리 비행기가 이륙이 늦어지고 있다고 하는데요.

제가 광저우에서 중요한 회의에 참석해야 합니다.

좀 더 빨리 갈 수 있나요?

승무원　여정에 불편을 끼쳐 드려 정말 죄송합니다.

승 객　도대체 얼마나 늦는 겁니까?

승무원　방금 사무장님이 방송에서, 앞에 여섯 대의 비행기가 이륙을 기다리고 있다고 말

씀하셨으니 30분 정도 지연될 것 같습니다.

승 객　아이고, 늦으면 어떡하죠?

승무원　죄송합니다.

먼저 비행기에서 내리실 수 있도록, 착륙 전에 첫 번째 줄로 옮겨 드리겠습니다.

괜찮으신가요?

승 객　그럼 최고죠. 감사합니다.

문장연습

🎤 **Track 6-3-6**

估计晚点＋시간＋左右。　～(시간)정도 지연될 것 같습니다.
Gūjì wǎndiǎn＋시간＋zuǒyòu.

	10分钟 shí fēnzhōng 10분	10분 정도 지연될 것 같습니다.
估计晚点	**2个半小时** liǎng ge bàn xiǎoshí 2시간 반	**左右。**	2시간 반 정도 지연될 것 같습니다.
	约4小时 yuē sì xiǎoshí 약 4시간	약 4시간 정도 지연될 것 같습니다.

〈착륙 허가 대기〉 🎙 Track 6-3-7

乘　客　请问一下。飞机怎么还没着陆?
Qǐngwèn yíxià. Fēijī zěnme hái méi zhuólù?

刚才机长广播说在转圈?
Gāngcái jīzhǎng guǎngbō shuō zài zhuànquān?

乘务员　现在羽田机场繁忙等待着陆指令。
Xiànzài Yǔtián Jīchǎng fánmáng děngdài zhuólù zhǐlìng.

乘　客　怎么回事?
Zěnme huíshì?

乘务员　估计正在起飞落地的飞机比较多。
Gūjì zhèngzài qǐfēi luòdì de fēijī bǐjiào duō.

一边盘旋，一边排队等待着陆的顺序。
Yìbiān pánxuǎn, yìbiān páiduì děngdài zhuólù de shùnxù.

乘　客　那飞机在哪儿飞?
Nà fēijī zài nǎr fēi?

乘务员　飞机在机场附近盘旋指定的航路。
Fēijī zài jīchǎng fùjìn pánxuǎn zhǐdìng de hánglù.

乘　客　是这样啊。
Shì zhèyàng a.

乘务员　我们快到了，稍后透过窗外就能看到富士山了。
Wǒmen kuài dào le, shāohòu tòuguò chuāng wài jiù néng kàndào Fùshìshān le.

乘　客　好的。谢谢!
Hǎode. Xièxie!

🎙 Track 6-3-8

단어

转圈 zhuànquān 동 원을 그리며 돌다, 선회하다 | 羽田 Yǔtián 지명 하네다 | 繁忙 fánmáng 형 일이 많고 바쁘다 | 指令 zhǐlìng 명 지시, 명령 | 盘旋 pánxuǎn 동 선회하다, 빙빙 돌다 | 排队 páiduì 동 줄을 서다 | 顺序 shùnxù 명 순서, 차례 | 指定 zhǐdìng 동 지정하다, 확정하다 | 航路 hánglù 명 (배나 비행기의) 항로 | 稍后 shāohòu 명 잠시 뒤 | 透过 tòuguò 동 (액체나 빛이) 통과하다, 뚫고 지나가다 | 富士山 Fùshìshān 지명 후지산

승 객	여쭤 보고 싶은 게 있는데요, 비행기가 왜 아직 착륙을 안 하는 거죠?
	방금 기장님이 선회한다고 하신 거죠?
승무원	지금 하네다 공항이 번잡해서 착륙 허가를 기다리고 있습니다.
승 객	어떻게 된 거죠?
승무원	현재 이착륙을 기다리는 비행기가 많은 것 같습니다.
	상공선회를 하면서 착륙 순서를 기다리고 있습니다.
승 객	그럼 비행기가 어디로 비행하나요?
승무원	비행기는 공항 부근에 정해진 항로를 따라 선회하고 있습니다.
승 객	아, 그렇군요.
승무원	이제 곧 도착할 것입니다. 그리고 잠시 후 창밖으로 후지산을 보실 수 있습니다.
승 객	알겠습니다, 감사합니다!

一边…一边…。 ~하면서 ~한다.
Yìbiān … yìbiān ….

一边		一边		
	喝饮料 hē yǐnliào 음료를 마시다		看电影 kàn diànyǐng 영화를 보다	음료를 마시며 영화를 본다.
	吃瓜子 chī guāzi 해바라기 씨를 먹다		跟邻座聊天 gēn línzuò liáotiān 옆자리 승객과 이야기하다	해바라기 씨를 먹으며 옆자리 승객과 이야기를 나눈다.
	推餐车 tuī cānchē 카트를 밀다		进行安全检查 jìnxíng ānquán jiǎnchá 안전 검사를 진행하다	카트를 밀며 안전 검사를 진행한다.

이유 있는 지연

비행기가 지연되는 이유에는 기상 악화, 항공관제를 포함한 몇몇 승객의 미 탑승, 일정을 취소한 승객의 짐을 빼는 과정, 특정 나라나 지역에 따른 절차를 기다리는 수속 등 수많은 원인이 있습니다. 비행기가 지연되면 많은 승객이 도착지에서 예정된 여행 및 비즈니스 스케줄에 큰 차질이 생깁니다. 또한 답답한 기내에서의 대기 시간이 길어지면 예민해질 수밖에 없으므로 승객들이 좀 더 편안한 마음으로 기다리실 수 있도록 음료나 이어폰 서비스 등 간단한 기내 서비스를 제공하거나 승객들의 사정을 들어 드리고 최대한 도와 드리려는 자세를 보이는 게 중요합니다. 가장 많이 발생하는 지연 상황을 중국어로 알아봅시다.

● 승객 탑승 지연

> 我们正在等待几位旅客的登机。请您耐心等候。
>
> Wǒmen zhèngzài děngdài jǐ wèi lǚkè de dēngjī. Qǐng nín nàixīn děnghòu.
>
> 우리 비행기는 현재 승객 몇 분의 탑승을 기다리고 있습니다. 잠시만 기다려 주시기 바랍니다.

● 수하물 수속 지연

> 我们正在等待货舱的托运手续，关货舱门后马上就要出发。
>
> Wǒmen zhèngzài děngdài huòcāng de tuōyùn shǒuxù, guān huòcāng mén hòu mǎshàng jiùyào chūfā.
>
> 우리 비행기는 현재 화물칸의 수하물 수속을 기다리고 있습니다. 수하물 수속을 마치는 즉시 출발할 예정입니다.
>
> 请您耐心等候。感谢您的理解与配合。
>
> Qǐng nín nàixīn děnghòu. Gǎnxiè nín de lǐjiě yǔ pèihé.
>
> 승객 여러분께서는 잠시만 더 기다려 주시기 바랍니다. 승객 여러분의 많은 양해와 협조에 감사드립니다.

● 기타 지연 사유

> 我们正在等待舱单(/检疫部门的资料/海关人员)。
>
> Wǒmen zhèngzài děngdài cāngdān(/jiǎnyì bùmén de zīliào/hǎiguān rényuán).
>
> 우리 비행기는 현재 승객 명단(/검역 부문의 서류/세관 직원)을 기다리고 있습니다.
>
> 请您在座位上休息等候。感谢您的理解和配合。
>
> Qǐng nín zài zuòwèi shang xiūxi děnghòu. Gǎnxiè nín de lǐjiě hé pèihé.
>
> 승객 여러분께서는 자리에 앉아 잠시만 기다려 주시기 바랍니다. 승객 여러분의 많은 양해와 협조에 감사드립니다.

연습문제

1. 다음 단어를 올바른 순서로 배열하고 병음을 쓰세요.

① 비행기가 흔들려서 뜨거운 음료 서비스가 잠시 중단되었습니다.

提供　飞机　暂时　热饮服务　有些　颠簸　不能

문장 → ______________________________

병음 → ______________________________

② 현재 항공관제탑의 이륙 허가를 기다리고 있습니다.

命令　　正在　　航空管制的　　我们　　等待

문장 → ______________________________

병음 → ______________________________

2. 다음 주어진 단어를 활용하여 대화를 연습해 보세요.

乘务员　您怎么了？不舒服吗？
Nín zěnme le? Bù shūfu ma?

乘　客　我突然呼吸困难。
Wǒ tūrán hūxī kùnnan.

胃疼	头疼	肚子疼
wèiténg	tóuténg	dùzi téng
위가 아프다	머리가 아프다	배가 아프다

3. 본문 내용을 활용하여 다음 승객의 말에 알맞게 대답해 보세요.

승　객　你好！我耳朵很疼，有没有对耳朵好的药啊？

승무원 ______________________________

터블런스의 기억

베이징에서 로마로 향하는 비행에서 안전 의식을 다시 한번 깨달았던 적이 있었습니다.

두 번째 식사 서비스 후 회수를 하러 카트를 객실로 꺼낸 순간 예상치 못한 터블런스가 왔습니다. 흔들림은 좌우 상하를 가리지 않았고 기폭 또한 엄청났습니다. 승객들이 양옆 손잡이를 잡고 안전벨트를 매는 동안 객실 통로에는 식사 트레이가 떨어졌고, 구토를 하거나 찰과상을 입어 고통스러워 하는 승객들의 소리와 아이들의 울음소리로 객실은 그야말로 아수라장이 되었습니다. 마음만은 빨리 달려가 상황을 파악하고 싶었지만 저희 승무원들도 다급히 자리에 앉아 안전벨트를 매고 그 모습을 지켜볼 수밖에 없었습니다. 어느 정도 시간이 흐른 뒤 기장님께서 방송을 하셨습니다.

女士们，先生们。这里是机长广播。我们正在过不稳定气流。
Nǚshìmen, xiānshengmen. Zhèli shì jīzhǎng guǎngbō. Wǒmen zhèngzài guò bù wěndìng qìliú.
승객 여러분. 기장 방송입니다. 현재 우리 비행기는 불안정한 기류를 통과하고 있습니다.

大约在20分钟后将持续强气流颠簸，
Dàyuē zài èrshí fēnzhōng hòu jiāng chíxù qiáng qìliú diānbǒ,
약 20분 후 강한 기체 흔들림이 있을 예정이오니,

请各位在座位上并系好安全带。
qǐng gèwèi zài zuòwèi shang bìng jìhǎo ānquándài.
승객 여러분께서는 자리에 앉으셔서 안전벨트를 착용해 주시기 바랍니다.

그 한마디에 저희 승무원들은 모두 객실로 나가 20분 이내에 쏟아진 트레이를 정리하고 승객들의 상태와 기내 설비의 상태를 살폈으며, 몸이 안 좋거나 구토를 한 승객들에게 따뜻한 물을 제공하고 빠른 시간 안에 트레이를 회수하는 작업을 진행해야 했습니다. 화장실이나 객실에 쓰러지거나 다친 승객은 없는지 확인하고 승무원 간의 안전도 체크했습니다. 비행기가 안전하다고 생각하는 승객들이 많지만 평균 시속 800km로 날아가는 비행기에서 약간의 흔들림이 주는 여파는 자칫하면 큰 사고로 이어질 수 있으므로, 상황을 의식하고 준비하는 자세가 필요합니다.

chapter
7
착륙 및 환송
着陆及送客

착륙
着陆

▶ **학습 목표**

승객에게 착륙 안내를 할 수 있습니다.
착륙 전 기내 안전 검사를 실시할 수 있습니다.

서비스 미리보기

착륙(着陆 zhuólù) 8분은 비행에서 가장 중요한 시간입니다. 승무원은 승무원 좌석(乘务员座席 chéngwùyuán zuòxí)으로 돌아가면서 오버헤드빈(선반)이 잘 닫혀 있는지 확인하며, 화장실 문을 잠급니다. 아울러 착륙 후에도 기내에 이상이 없는지, 오버헤드빈이나 기내 서랍 등이 열린 곳은 없는지, 비행기가 완전히 멈추기도 전에 일어나는 승객이 없는지 등을 체크합니다.

〈화장실을 사용하려는 승객〉 Track 7-1-1

乘务员　您好！请回到座位上坐好，把安全带系一下。
Nín hǎo! Qǐng huídào zuòwèi shang zuòhǎo, bǎ ānquándài jì yíxià.

乘　客　不好意思，我的孩子想去卫生间。
Bù hǎoyìsi, wǒ de háizi xiǎng qù wèishēngjiān.

乘务员　飞机已经开始下降，卫生间停止使用。
Fēijī yǐjing kāishǐ xiàjiàng, wèishēngjiān tíngzhǐ shǐyòng.

乘　客　小孩子着急了，憋不住。
Xiǎo háizi zháojí le, biē bu zhù.

乘务员　尽快使用，快要落地了。
Jǐnkuài shǐyòng, kuàiyào luòdì le.

乘　客　好的，马上好。
Hǎode, mǎshàng hǎo.

 Track 7-1-2

단어

下降 xiàjiàng 图 하강하다, 내리다 ｜ 停止 tíngzhǐ 图 정지하다, 멈추다 ｜ 着急 zháojí 图 조급해하다, 초조
해하다 ｜ 憋 biē 图 참다 ｜ 尽快 jǐnkuài 图 되도록 빨리 ｜ 落地 luòdì 图 (비행기가) 착륙하다

승무원	손님, 좌석으로 돌아가셔서 안전벨트를 매 주십시오.
승 객	죄송한데요, 아이가 화장실을 가고 싶다고 합니다.
승무원	비행기가 이미 하강 중입니다. 화장실 사용이 중지되었습니다.
승 객	아이가 급하다고 합니다. 못 참겠대요.
승무원	최대한 빨리 사용해 주십시오. 곧 착륙합니다.
승 객	네, 금방이면 됩니다.

문장연습

快要 … 了。 곧 ~합니다.
Kuàiyào … le.

	放假 fàngjià 방학하다		곧 방학입니다.
快要	**毕业** bìyè 졸업하다	**了。**	곧 졸업합니다.
	起飞 qǐfēi 이륙하다		곧 이륙합니다.

〈착륙 직후 일어나는 승객〉 Track 7-1-4

乘务员　先生，请您先坐一下。不要打开行李架。
Xiānsheng, qǐng nín xiān zuò yíxià. Bú yào dǎkāi xínglijià.

乘　客　我想拿一下我的包。
Wǒ xiǎng ná yíxià wǒ de bāo.

乘务员　飞机还没[1]滑行到位，在座位上坐好。
Fēijī hái méi huáxíng dàowèi, zài zuòwèi shang zuòhǎo.

乘　客　为什么呢?
Wèishénme ne?

乘务员　飞机滑行期间起身会摔伤，
Fēijī huáxíng qījiān qǐshēn huì shuāishāng,

　　　　打开行李架的话，行李会滑落。
dǎkāi xínglijià dehuà, xíngli huì huáluò.

乘　客　知道了。
Zhīdao le.

乘务员　请稍微等一下。直到飞机完全停稳。
Qǐng shāowēi děng yíxià. Zhídào fēijī wánquán tíngwěn.

[1] 还는 '여전히', '아직도'라는 뜻의 부사로, 没(부정의 표현)와 동사가 함께 오면 '아직 ~하지 않았다'라는 의미를 나타냅니다.

Track 7-1-5

단어

滑行 huáxíng 동 활주하다 | 到位 dàowèi 동 규정된 위치에 도착하다 | 期间 qījiān 명 기간, 시간 | 起身 qǐshēn 동 일어나다, 몸을 일으키다 | 摔 shuāi 동 쓰러지다, 넘어지다 | 滑落 huáluò 동 미끄러져 떨어지다 | 停稳 tíngwěn 동 완전히 멈추다

승무원	손님, 앉아 주십시오. 선반을 열지 마세요.
승 객	가방을 꺼내고 싶습니다.
승무원	비행기가 아직 완전히 도착하지 않았으니, 자리에 앉아 주세요.
승 객	왜 그러시죠?
승무원	비행기가 이동하는 동안 일어나시면 넘어지실 수 있고, 선반을 여시면 짐이 떨어질 수 있습니다.
승 객	알겠습니다.
승무원	비행기가 완전히 멈출 때까지, 잠시만 기다려 주십시오.

문장연습

Track 7-1-6

还没…。 아직 ～하지 않았다.
Hái méi ….

	登完机 dēngwán jī 승객 탑승이 끝나다	아직 승객 탑승이 끝나지 않았습니다.
还没	收到转机信息 shōudào zhuǎnjī xìnxī 환승 소식을 받다	아직 환승 소식을 받지 못했습니다.
	滑行到位 huáxíng dàowèi 완전히 도착하다	아직 완전히 도착하지 않았습니다.

All about 착륙 준비

항공기 사고는 대부분 이륙 후 3분, 착륙 전 8분 이내에 많이 발생한다고 하여, 이 두 시간을 합쳐 '마(魔)의 11분'이라고 표현하곤 합니다. 이 중에서도 70% 이상을 차지하는 착륙 전 8분은 비행 전 과정 중에서 가장 중요한 시간이라고 할 수 있습니다. 그럼 승무원은 이 8분을 위해 어떠한 준비를 해야 하는지 알아봅시다.

1. 안전 검사 安全检查 ānquán jiǎnchá

> 飞机开始下降，请客舱乘务员进行安全检查。
> Fēijī kāishǐ xiàjiàng, qǐng kècāng chéngwùyuán jìnxíng ānquán jiǎnchá.
> 비행기가 하강하고 있습니다. 승무원은 안전 검사를 실시해 주십시오.

착륙 30분 전 비행기가 하강하기 시작하면 승무원이 안전 검사를 실시합니다. 비행기가 안전하게 착륙할 수 있도록 승무원은 안전벨트, 등받이, 테이블, 창문 커튼, 발 받침대, 손잡이, 짐칸 등을 세심하게 검사해야 합니다. 착륙 시 기체 흔들림으로 인해 이용하던 식사나 음료가 쏟아지거나, 테이블이나 컵 받침에 승객의 몸이 부딪힐 위험이 있으니 컵이나 식사 트레이 또한 회수하도록 합니다.

2. 주방 및 객실 검사 设备检查 shèbèi jiǎnchá

클로젯, 갤리 설비, 객실 설비 등이 열려 있거나 잘 고정되어 있는지 등을 다시 한번 확인합니다.

3. 착륙 준비 着陆准备 zhuólù zhǔnbèi

> 飞机即将着陆。请客舱乘务员原位坐好并锁闭洗手间。
> Fēijī jíjiāng zhuólù. Qǐng kècāng chéngwùyuán yuánwèi zuòhǎo bìng suǒbì xǐshǒujiān.
> 비행기가 곧 착륙하겠습니다. 승무원은 화장실 문을 잠그고 승무원 좌석으로 돌아가 주십시오.

착륙 8분 전 기장실에서 사인을 주면, 사무장의 방송과 함께 승무원은 각자 구역의 화장실에 승객이 있는지 확인한 후 문을 잠그고 승무원 좌석으로 돌아가 앉습니다.

4. 객실 살피기 客舱检查 kècāng jiǎnchá

착륙 후 곧바로 자리에서 일어나는 승객은 없는지, 선반이 열려 물건이 떨어지지는 않았는지 등 객실을 잘 관찰합니다.

02

환송
送客

▶ **학습 목표**
승객에게 환송 인사를 할 수 있습니다.

환송은 비행의 마지막을 장식하는 과정입니다. 승무원은 착륙과 동시에 객실을 잘 살펴보고, 안전벨트 표시등이 꺼지면 잠갔던 화장실 문을 열고 주방, 객실, 도어 등이 고장 났는지 혹은 이상은 없는지 확인합니다. 선반, 좌석 아래, 좌석 앞 주머니 등에 승객이 두고 내린 물건은 없는지 확인하고, 보관해 드린 물건은 돌려 드렸는지 재차 확인합니다. 또한 기내에 좋은 인상을 남기고 갈 수 있도록 모든 손님에게 밝은 얼굴로 인사합니다. 모든 승객이 내리면 UM 승객과 휠체어 승객 등 특수 승객들을 지상직원에게 인수인계합니다.

〈환송 인사〉 🎙 Track 7-2-1

乘务员　王先生，您好！
Wáng xiānsheng, nín hǎo!

这是起飞前给您挂在前面的外套。还给您。
Zhè shì qǐfēi qián gěi nín guà zài qiánmian de wàitào. Huán gěi nín.

乘　客　谢谢！
Xièxie!

乘务员　不客气。您下机时，请别忘拿放在座椅下的手提袋。
Bú kèqi. Nín xiàjī shí, qǐng bié wàng ná fàng zài zuòyǐ xià de shǒutídài.

乘　客　对了！差点儿❶忘了。谢谢！
Duì le! Chàdiǎnr wàng le. Xièxie!

乘务员　别客气。请带好随身携带的物品。请慢走！
Bié kèqi. Qǐng dàihǎo suíshēn xiédài de wùpǐn. Qǐng mànzǒu!

乘　客　辛苦了。拜拜❷！
Xīnkǔ le. Bàibai!

乘务员　再见！
Zàijiàn!

❶ '가까스로', '간신히', '하마터면'의 뜻으로, 부정적인 문장을 동반하여 '자칫하면 ~할 뻔하다'의 의미를 지닙니다.

❷ 拜拜 bàibai는 영어의 'Bye'라는 의미로, 조금 무례해 보일 수 있지만 중국에서는 남녀노소 가릴 것 없이 친구 사이나 아랫 사람에게 하는 인사 표현입니다.

🎙 Track 7-2-2

단어

挂 guà 통 (고리, 못 따위에) 걸다 | 外套 wàitào 명 겉옷, 코트 | 还 huán 통 돌려주다, 상환하다 | 手提袋 shǒutídài 명 핸드백, 손가방 | 差点儿 chàdiǎnr 부 가까스로, 하마터면 | 随身 통 suíshēn 몸에 지니다, 휴대하다 | 携带 xiédài 통 휴대하다, 지니다 | 拜拜 bàibai 통 안녕

승무원	왕 선생님, 안녕하세요!
	이륙 전에 앞쪽에 걸어 드린 코트입니다. 돌려 드릴게요.
승 객	감사합니다!
승무원	아닙니다. 내리실 때 좌석 아래에 두신 손가방을 잊지 말고 가져가세요.
승 객	아 참! 하마터면 잊어버릴 뻔 했습니다. 감사합니다!
승무원	아닙니다. 휴대하신 물건을 잘 챙겨 주세요. 안녕히 가십시오!
승 객	수고하셨습니다. 안녕히 계세요!
승무원	또 뵙겠습니다!

문장연습

🎤 Track 7-2-3

差点儿…。 하마터면 ~할 뻔하다.
Chàdiǎnr …

差点儿

赶不上飞机了
gǎn bu shàng fēijī le
비행기를 못 타다

하마터면 비행기를
못 탈 뻔했다.

摔倒了
shuāidǎo le
넘어지다

하마터면
넘어질 뻔했다.

把饮料洒到身上了
bǎ yǐnliào sǎdào shēnshang le
음료를 몸에 쏟았다

하마터면 음료를
몸에 쏟을 뻔했다.

〈감사 인사〉 🎙 Track 7-2-4

乘　客　乘务员！今天辛苦了。
　　　　Chéngwùyuán! Jīntiān xīnkǔ le.

乘务员　谢谢，张先生。您辛苦了。
　　　　Xièxie, Zhāng xiānsheng. Nín xīnkǔ le.

乘　客　这么长时间坐着都累，你们还工作多累[1]啊！
　　　　Zhème cháng shíjiān zuòzhe dōu lèi, nǐmen hái gōngzuò duō lèi a!

　　　　你们的服务我很满意。
　　　　Nǐmen de fúwù wǒ hěn mǎnyì.

乘务员　这是我们应该做的。
　　　　Zhè shì wǒmen yīnggāi zuò de.

　　　　坐着比工作还累呢。请您回家好好休息。
　　　　Zuòzhe bǐ gōngzuò hái lèi ne. Qǐng nín huíjiā hǎohāo xiūxi.

乘　客　这是给你们的表扬信[2]。希望这封信会鼓励你们。
　　　　Zhè shì gěi nǐmen de biǎoyángxìn. Xīwàng zhè fēng xìn huì gǔlì nǐmen.

乘务员　张先生，感谢您对我们工作的理解。
　　　　Zhāng xiānsheng, gǎnxiè nín duì wǒmen gōngzuò de lǐjiě.

　　　　您的表扬让我们更加有动力。
　　　　Nín de biǎoyáng ràng wǒmen gèngjiā yǒu dònglì.

乘　客　那就好。下次见！拜拜！
　　　　Nà jiù hǎo. Xiàcì jiàn! Bàibai!

乘务员　谢谢。请慢走！再见！
　　　　Xièxie. Qǐng mànzǒu! Zàijiàn!

[1] '多+형용사' 형태로 감탄문에서 정도가 심함을 나타냅니다.

[2] 승객들이 서비스에 매우 만족할 경우 써주는 칭찬레터를 '表扬信 biǎoyángxìn'이라고 합니다. 반대로 컴플레인레터는 '投诉信 tóusùxìn'이라고 합니다.

🎙 Track 7-2-5

단어

辛苦 xīnkǔ 🔶 고생스럽다, 수고하다 ｜ 累 lèi 🔶 지치다, 피곤하다 ｜ 满意 mǎnyì 🔶 만족하다 ｜ 比 bǐ 🔶 ~에 비해, ~보다 ｜ 表扬信 biǎoyángxìn 🔶 칭찬레터 ｜ 封 fēng 🔶 통(밀봉된 편지를 세는 양사) ｜ 鼓励 gǔlì 🔶 격려하다, (용기를) 북돋우다 ｜ 理解 lǐjiě 🔶 알다, 이해하다 ｜ 更加 gèngjiā 🔶 더욱, 더 ｜ 动力 dònglì 🔶 동력, 원동력

승 객	승무원님! 오늘 수고하셨습니다.
승무원	감사합니다, 장 선생님. 수고하셨습니다.
승 객	이렇게 오랜 시간 앉아만 있어도 힘든데, 일까지 하시니 얼마나 힘드시겠어요! 게다가 서비스도 저는 매우 만족합니다.
승무원	마땅히 저희가 해야 할 일입니다. 앉아서 가는 게 일하는 것보다 힘들어요. 돌아가셔서 푹 쉬십시오.
승 객	이건 승무원님들께 드리는 칭찬레터인데요, 이게 도움이 됐으면 좋겠네요.
승무원	장 선생님, 저희 일에 대해 이해해 주셔서 정말 감사합니다. 선생님의 칭찬레터는 저희에게 더 큰 힘이 됩니다.
승 객	그럼 다행입니다. 다음에 또 뵙겠습니다! 안녕히 가십시오!
승무원	감사합니다. 안녕히 가십시오! 또 뵙겠습니다!

感谢您对我们工作的…。　저희 일에 대한 ～에 감사드립니다.
Gǎnxiè nín duì wǒmen gōngzuò de ….

感谢您对我们工作的

支持 zhīchí 지지하다	。	저희 일에 대한 지지에 감사드립니다.
配合 pèihé 협조하다		저희 일에 대한 협조에 감사드립니다.
关注 guānzhù 관심을 가지다		저희 일에 대한 관심에 감사드립니다.

"놓고 내리시는 물건은 없으신지 다시 한번 확인해 주세요."

승객들이 비행기에서 내리는 동안, 객실에서는 승객들이 놓고 내리는 물건은 없는지 확인해 달라는 방송이 나옵니다. 승무원들도 승객에게 환송 인사를 함과 동시에 놓고 가는 물건은 없는지에 대한 확인을 상기시킵니다. 하지만 입국 시 필요한 여권이나 비자 등 중요 서류에서부터 지갑, 휴대전화, 노트북 등을 놓고 내리는 승객이 더러 있습니다. 이러한 분실 문제로 인한 컴플레인도 적지 않은데요, 승객이 비행기에서 내릴 때 소지품을 잘 챙길 수 있도록 상기시키는 표현들을 알아보도록 하겠습니다.

下机时，请带好手机、钱包、旅行证件等所有的随身携带的物品。

Xiàjī shí, qǐng dàihǎo shǒujī、qiánbāo、lǚxíng zhèngjiàn děng suǒyǒu de suíshēn xiédài de wùpǐn.

내리실 때 휴대전화, 지갑, 여행 서류 등 휴대하신 모든 물건을 잘 챙겨 주십시오.

请再次确认座椅上，座椅口袋里，行李架内有没有遗留任何个人物品。

Qǐng zàicì quèrèn zuòyǐ shang, zuòyǐ kǒudài li, xínglijià nèi yǒu méiyǒu yíliú rènhé gèrén wùpǐn.

좌석 위, 좌석 앞 주머니, 선반 안에 놓고 내리시는 개인 물건은 없는지 다시 한번 확인해 주시기 바랍니다.

승무원들은 승객이 내린 후 좌석 위, 좌석 앞 주머니, 선반, 좌석 아래, 화장실 등에 승객이 놓고 내린 물건이 있는지, 비행기의 안전과 관련된 물건이 남아 있지는 않은지 등을 꼼꼼하게 검사합니다.

만약 물건을 발견하면 즉시 물건이 놓여 있던 좌석 번호 혹은 정확한 위치를 사무장에게 보고 및 제출하고 사무장은 지상직원에게 인계하여 승객이 유실물 센터를 통해서 짐을 찾아갈 수 있도록 합니다.

Tip 환송 인사 표현

再见！ Zàijiàn! 또 만나요!
下次再见！ Xiàcì zàijiàn! 다음에 또 만나요!
请慢走！ Qǐng mànzǒu! 안녕히 가세요!
请走好！ Qǐng zǒuhǎo! 안녕히 가세요!
希望再次见面！ Xīwàng zàicì jiànmiàn! 다음에 또 뵙길 바랍니다!
祝您旅途愉快！ Zhù nín lǚtú yúkuài! 즐거운 여행 되시길 바랍니다!

연습문제

1. 다음 단어를 올바른 순서로 배열하고 병음을 쓰세요.

① 비행기가 아직 완전히 도착하지 않았으니, 자리에 앉아 주세요.

在　还　没　上　飞机　座位　到位　坐好　滑行

문장 → ____

병음 → ____

② 이륙 전에 앞쪽에 걸어 드린 코트입니다.

前　挂　起飞　这是　给　外套　您　前面的　在

문장 → ____

병음 → ____

2. 다음 주어진 단어를 활용하여 대화를 연습해 보세요.

乘务员　您下机时，请别忘拿放在座椅下的手提袋。
Nín xiàjī shí, qǐng bié wàng ná fàng zài zuòyǐ xià de shǒutídài.

乘　客　对了，差点儿忘了。谢谢！
Duì le, chàdiǎnr wàng le. Xièxie!

购物袋
gòuwùdài
쇼핑백

背包
bèibāo
배낭

手提箱
shǒutíxiāng
여행 가방

3. 본문 내용을 활용하여 다음 승객의 말에 알맞게 대답해 보세요.

승　객　谢谢你。你们的服务我很满意。
승무원　____

로마에서 베이징까지 누워서 10시간

로마에서의 휴식을 마치고 베이징으로 돌아가기 전, 팀내 승무원들은 브리핑에 참여했습니다. 사무장님께서는 브리핑 시작에 앞서 중요한 일이 있다고 말씀하셨습니다.

我飞的30年当中，第一次遇到这种情况，今天有担架旅客。
Wǒ fēi de sānshí nián dāngzhōng, dì yī cì yùdào zhè zhǒng qíngkuàng, jīntiān yǒu dānjià lǚkè.
제가 30년 동안 비행하며 처음 있는 일입니다. 오늘 들것에 누운 채로 비행하셔야 하는 승객이 탑승하십니다.

每位乘务员都特别关照一下。
Měi wèi chéngwùyuán dōu tèbié guānzhào yíxià.
모든 승무원은 특별히 주의를 기울이시길 바랍니다.

担架旅客 *dānjià lǚkè* 는 사고나 개인적인 이유로 인해 앉아서 비행할 수 없어, 비행기 맨 뒤 좌석에 들것을 설치해 누워서 가야 하는 승객을 가리킵니다. 이는 항공사에서 제공하는 서비스 중 하나이지만, 들것을 설치하려면 주변의 몇 좌석의 티켓을 함께 구매해야 하며 반드시 보호자가 동반되어야 합니다. 그리고 기내 서비스 시 승객의 다친 부위를 건드리지 않도록 각별히 주의해야 합니다.

기내에 탑승하니 들것은 이미 설치되어 있었고, 다른 승객들이 탑승하기 전에, 들것에 누워 계신 승객은 여러 사람의 도움을 받아 탑승을 마쳤습니다. 이 승객은 지병으로 더는 여행을 지속할 수 없어 이렇게 베이징 행을 결정하셨다고 합니다. 승무원들은 카트가 들것을 건드리지 않도록 주의하였고, 주변 승객분들께 양해를 구해 환자분에게 조용한 환경을 만들어 드리려 최선을 다했습니다. 그리고 보호자 두 분도 10시간이라는 긴 비행시간 동안 번갈아가며 정성을 다해 간호하셨고 덕분에 안전하게 베이징까지 도착할 수 있었습니다. 들것 환자는 처음이라 긴장도 되고 걱정도 컸지만, 좋은 경험이 된 시간이었습니다.

부록

✈ chapter 1 31p

1. ① 您坐哪个航空公司的航班?
Nín zuò nǎge hángkōng gōngsī de hángbān?

② 您有托运行李吗?
Nín yǒu tuōyùn xíngli ma?

3. [모범 답안 1] 好的，我会给您安排的。
[모범 답안 2] 抱歉，靠窗的座位已经满了。我给您安排靠过道的可以吗?

✈ chapter 2 69p

1. ① 您的座位是靠过道的。
Nín de zuòwèi shì kào guòdào de.

② 您坐的是本架飞机的应急出口座位。
Nín zuò de shì běn jià fēijī de yìngjí chūkǒu zuòwèi.

3. [모범 답안 1] 不好意思。飞机正在颠簸，不能使用卫生间。
[모범 답안 2] 卫生间里有人。请稍微等一下。

✈ chapter 3 121p

1. ① 我给您准备婴儿安全带。
Wǒ gěi nín zhǔnbèi yīng'ér ānquándài.

② 在您的座椅下方有充电插座。
Zài nín de zuòyǐ xiàfāng yǒu chōngdiàn chāzuò.

3. [모범 답안 1] 您不用，只要填写海关申报单就可以了。
[모범 답안 2] 您不用，填写入境卡。

✈ chapter 4 159p

1. ① 因为夜航飞行，我们通常会调暗客舱灯光。
Yīnwèi yèháng fēixíng, wǒmen tōngcháng huì tiáo àn kècāng dēngguāng.

② 我们航空公司提供特餐服务。
Wǒmen hángkōng gōngsī tígōng tècān fúwù.

3. [모범 답안 1] 我们为您准备了矿泉水、橙汁、苹果汁、热茶和咖啡。
[모범 답안 2] 今天为您准备的饮料都有桃汁、芦荟汁、乌龙茶和黑咖啡。

1. ① 购物指南在您的座椅口袋里。
Gòuwù zhǐnán zài nín de zuòyǐ kǒudài li.

② 您可以通过触摸屏来选择想看的节目。
Nín kěyǐ tōngguò chùmōpíng lái xuǎnzé xiǎng kàn de jiémù.

3. [모범 답안 1] 国际转机在中转柜台办理中转手续，然后直接去登机口就可以了。

[모범 답안 2] 您先办理检疫、入境、海关手续。然后再办理出境手续。

✈ **chapter 6** ·· 221p

1. ① 飞机有些颠簸，暂时不能提供热饮服务。
Fēijī yǒuxiē diānbǒ, zànshí bù néng tígōng rèyǐn fúwù.

② 我们正在等待航空管制的命令。
Wǒmen zhèngzài děngdài hángkōng guǎnzhì de mìnglìng.

3. [모범 답안 1] 抱歉，在机上没有对耳朵疼的药。起飞落地时，气压的影响会导致耳朵不舒服。

[모범 답안 2] 抱歉，机上没有配这类的药品。我给您倒一杯温水，您喝完后张口深呼吸，假装打哈欠。这样做的话，耳朵就能打通，就不会疼了。

✈ **chapter 7** ·· 237p

1. ① 飞机还没滑行到位，在座位上坐好。
Fēijī hái méi huáxíng dàowèi, zài zuòwèi shang zuòhǎo.

② 这是起飞前给您挂在前面的外套。
Zhè shì qǐfēi qián gěi nín guà zài qiánmian de wàitào.

3. [모범 답안 1] 感谢您对我们工作的理解。您的表扬让我们更加有动力。

[모범 답안 2] 感谢您对我们工作的支持。我们会继续努力和发展。

〈탑승〉 登机

女士们，先生们。
Nǚshìmen, xiānshengmen.

欢迎您搭乘瞳养航空公司的航班。
Huānyíng nín dāchéng Tóngyǎng Hángkōng Gōngsī de hángbān.

您的座位号码位于行李架下方。
Nín de zuòwèi hàomǎ wèiyú xínglijià xiàfāng.

随身携带的物品放在行李架上或座椅下方。
Suíshēn xiédài de wùpǐn fàng zài xínglijià shang huò zuòyǐ xiàfāng.

找到座位的旅客，尽快入座以方便后面的旅客登机。
Zhǎodào zuòwèi de lǚkè, jǐnkuài rùzuò yǐ fāngbiàn hòumian de lǚkè dēngjī.

谢谢！
Xièxie!

손님 여러분,

저희 동양항공을 이용해 주신 여러분을 환영합니다.

손님 여러분의 좌석 번호는 머리 위 선반 아래에 표시되어 있으며,

휴대하신 물건은 머리 위 선반이나 좌석 아래에 놓아 주십시오.

아울러 원활한 탑승을 위해 좌석을 확인하신 손님께서는 자리에 앉아 주시기 바랍니다.

감사합니다.

〈환영〉欢迎

女士们，先生们。
Nǚshìmen, xiānshengmen.

早上好！
Zǎoshang hǎo!

机长王先生，乘务长李女士及全体机组成员，
Jīzhǎng Wáng xiānsheng, chéngwùzhǎng Lǐ nǚshì jí quántǐ jīzǔ chéngyuán,

欢迎您选乘瞳养航空公司DY994次航班前往成都。
Huānyíng nín xuǎn chéng Tóngyǎng Hángkōng Gōngsī DY jiǔ jiǔ sì cì hángbān qiánwǎng Chéngdū.

机门已经关闭，为了避免干扰驾驶舱的飞行系统，请关闭电子设备，
Jīmén yǐjing guānbì, wèile bìmiǎn gānrǎo jiàshǐcāng de fēixíng xìtǒng, qǐng guānbì diànzǐ shèbèi,

手机设置飞行模式的状态。
shǒujī shèzhì fēixíng móshì de zhuàngtài.

我们即将为您播放安全须知录像，请留意收看。
Wǒmen jíjiāng wèi nín bōfàng ānquán xūzhī lùxiàng, qǐng liúyì shōukàn.

祝愿您有一段愉快而舒适的旅程。谢谢！
Zhùyuàn nín yǒu yíduàn yúkuài ér shūshì de lǚchéng. Xièxie!

한국어 Ver.

손님 여러분,

안녕하십니까?

Mr. 왕 기장과 Ms. 리 사무장 그리고 저희 승무원들은 여러분의 탑승을 환영합니다.

이 비행기는 청두까지 가는 동양항공 DY994편입니다.

비행기가 곧 출발하겠으니 비행기 안전 운항에 지장을 줄 수 있는 전자기기의 전원을 꺼 주시기 바랍니다.

휴대전화는 비행 모드로 설정해 주십시오.

지금부터 안전 관련 비디오를 상영하겠으니 주목해 주시기 바랍니다.

즐거운 여행 되시길 바랍니다. 감사합니다.

〈이륙 준비〉 准备起飞

女士们，先生们。
Nǚshìmen, xiānshengmen.

我们的飞机推出，准备起飞。
Wǒmen de fēijī tuīchū, zhǔnbèi qǐfēi.

为了您的安全，请关闭电子设备、调直座椅靠背、
Wèile nín de ānquán, qǐng guānbì diànzǐ shèbèi、tiáozhí zuòyǐ kàobèi、

放下座椅扶手、收起小桌板、系好安全带、打开遮光板。
fàngxià zuòyǐ fúshou、shōuqǐ xiǎozhuōbǎn、jìhǎo ānquándài、dǎkāi zhēguāngbǎn.

现在客舱乘务员进行安全检查。
Xiànzài kècāng chéngwùyuán jìnxíng ānquán jiǎnchá.

感谢您的合作。
Gǎnxiè nín de hézuò.

한국어 Ver.

손님 여러분,

우리 비행기 이륙 준비를 위해 활주로로 이동 중입니다.

여러분의 안전을 위해, 전자기기의 전원을 꺼 주시고 사용하시던 좌석 테이블과 등받이를 제자리로 해 주시고 손잡이를 원위치로 내려 주시기 바랍니다.

좌석벨트를 매 주시고, 창문 커튼은 바깥을 볼 수 있도록 열어 주십시오.

지금부터 객실 승무원이 안전 검사를 시작하겠습니다.

협조해 주셔서 감사합니다.

〈이륙〉起飞

女士们，先生们。
Nǔshìmen, xiānshengmen.

我们的飞机马上就要起飞了。
Wǒmen de fēijī mǎshàng jiùyào qǐfēi le.

为了您的安全请确认系好安全带。
Wèile nín de ānquán qǐng quèrèn jìhǎo ānquándài.

谢谢！
Xièxie!

한국어 Ver.

손님 여러분,
우리 비행기 곧 이륙하겠습니다.
여러분의 안전을 위해 좌석벨트를 착용하셨는지 다시 한번 확인해 주시기 바랍니다.
감사합니다.

 Track 8-5

女士们，先生们。
Nǚshìmen, xiānshengmen.

我们的飞机已经离开广州白云国际机场前往东京羽田国际机场。
Wǒmen de fēijī yǐjing líkāi Guǎngzhōu Báiyún Guójì Jīchǎng qiánwǎng Dōngjīng Yǔtián Guójì Jīchǎng.

广州到东京的飞行距离为4000公里，
Guǎngzhōu dào Dōngjīng de fēixíng jùlí wéi sìqiān gōnglǐ,

预计空中飞行时间为5小时40分钟。
yùjì kōngzhōng fēixíng shíjiān wéi wǔ xiǎoshí sìshí fēnzhōng.

我们即将为您提供多种饮料及午餐。
Wǒmen jíjiāng wèi nín tígōng duōzhǒng yǐnliào jí wǔcān.

祝您旅游途快！
Zhù nín lǚtú yúkuài!

谢谢！
Xièxie!

한국어 Ver.

손님 여러분,

우리 비행기는 광저우 바이윈 국제공항을 출발해 도쿄 하네다 국제공항으로 향하고 있습니다.

광저우와 도쿄의 거리는 약 4,000km이며 비행시간은 약 5시간 40분으로 예정하고 있습니다.

잠시 후 다양한 음료와 함께 점심 식사를 준비해 드리겠습니다.

계속해서 즐거운 여행 되시길 바랍니다!

감사합니다.

〈면세품 판매〉免税销售

女士们，先生们。
Nǚshìmen, xiānshengmen.

客舱乘务员正在出售免税品。
Kècāng chéngwùyuán zhèngzài chūshòu miǎnshuìpǐn.

有烟、酒和化妆品，欢迎您选购。
Yǒu yān、jiǔ hé huàzhuāngpǐn, huānyíng nín xuǎngòu.

如您需要，参考座椅前面的口袋里的免税指南，
Rú nín xūyào, cānkǎo zuòyǐ qiánmian de kǒudài li de miǎnshuì zhǐnán,

请和我们乘务员联系。
qǐng hé wǒmen chéngwùyuán liánxì.

谢谢！
Xièxie!

한국어 Ver.

손님 여러분,
현재 객실 승무원이 면세품을 판매하고 있습니다.
술, 담배, 화장품을 판매하고 있으니 구입을 원하시는 분께서는 좌석 앞 주머니 속 안내 책자를
참고하시어 저희 승무원에게 말씀해 주시기 바랍니다.
감사합니다.

〈터뷸런스〉颠簸 

女士们，先生们。
Nǚshìmen, xiānshengmen.

我们的飞机遇到不稳定气流有颠簸。
Wǒmen de fēijī yùdào bù wěndìng qìliú yǒu diānbǒ.

为了您的安全请在座位上系好安全带。
Wèile nín de ānquán qǐng zài zuòwèi shang jìhǎo ānquándài.

颠簸期间不要在客舱内来回走动，卫生间停止使用。
Diānbǒ qījiān búyào zài kècāng nèi láihuí zǒudòng, wèishēngjiān tíngzhǐ shǐyòng.

带小孩的旅客请照顾您的孩子。
Dài xiǎohái de lǚkè qǐng zhàogù nín de háizi.

谢谢！
Xièxie!

한국어 Ver.

손님 여러분,

우리 비행기가 불안정한 기류의 영향으로 흔들리고 있습니다.

손님 여러분의 안전을 위해, 자리에 앉으셔서 좌석벨트를 착용해 주시고,

비행기가 많이 흔들리는 동안에는 자리 이동 및 화장실 사용을 삼가 주십시오.

어린이를 동반하신 손님께서는 어린이의 좌석벨트 착용 상태를 다시 한번 확인해 주시기 바랍니다.

감사합니다.

<의사 찾기> 找医生

女士们，先生们。
Nǔshìmen, xiānshengmen.

我们正在广播找医生。
Wǒmen zhèngzài guǎngbō zhǎo yīshēng.

医生、护士、有医疗资格的旅客请与我们乘务员联系。
Yīshēng、hùshi、yǒu yīliáo zīgé de lǚkè qǐng yǔ wǒmen chéngwùyuán liánxì.

(반복)

谢谢！
Xièxie!

손님 여러분.
현재 의사 선생님을 찾고 있습니다.
의사나 간호사, 의료 자격이 있으신 손님께서는 즉시 저희 승무원에 알려 주시기 바랍니다.
(반복)
감사합니다.

〈착륙 준비〉 准备着陆

女士们，先生们。
Nǚshìmen, xiānshengmen.

我们的飞机大约在30分钟后着陆。
Wǒmen de fēijī dàyuē zài sānshí fēnzhōng hòu zhuólù.

为了准备下降，请调直座椅靠背、放下座椅扶手、
Wèile zhǔnbèi xiàjiàng, qǐng tiáozhí zuòyǐ kàobèi、fàngxià zuòyǐ fúshou、

收起小桌板、打开遮光板。
shōuqǐ xiǎozhuōbǎn、dǎkāi zhēguāngbǎn.

为了避免干扰飞行系统请关闭电子设备。
Wèile bìmiǎn gānrǎo fēixíng xìtǒng qǐng guānbì diànzǐ shèbèi.

感谢您的合作。
Gǎnxiè nín de hézuò.

한국어 Ver.

손님 여러분,
우리 비행기 약 30분 후 착륙하겠습니다.
착륙 준비를 위해 사용하시던 좌석 테이블과 등받이를 제자리로 해 주시고 손잡이를 원위치
로 내려 주시기 바랍니다.
창문 커튼은 바깥을 볼 수 있도록 열어 주시기 바랍니다.
아울러 비행기 안전 운항에 지장을 줄 수 있는 전자기기의 전원을 꺼 주시기 바랍니다.
협조해 주셔서 감사합니다.

女士们，先生们。
Nǚshìmen, xiānshengmen.

我们的飞机马上就要着陆。
Wǒmen de fēijī mǎshàng jiùyào zhuólù.

为了您的安全请再次确认系好安全带。
Wèile nín de ānquán qǐng zàicì quèrèn jìhǎo ānquándài.

感谢您的合作！
Gǎnxiè nín de hézuò!

한국어 Ver.

손님 여러분,

우리 비행기 곧 착륙하겠습니다.

여러분의 안전을 위해 좌석벨트를 착용하셨는지 다시 한번 확인해 주시기 바랍니다.

협조해 주셔서 감사합니다.

〈도착〉 落地

女士们，先生们。
Nǚshìmen, xiānshengmen.

我们的飞机到达北京首都国际机场。
Wǒmen de fēijī dàodá Běijīng Shǒudū Guójì Jīchǎng.

中国与韩国有一个小时的时差，现在北京时间为下午2点10分。
Zhōngguó yǔ Hánguó yǒu yí ge xiǎoshí de shíchà, xiànzài Běijīng shíjiān wéi xiàwǔ liǎng diǎn shí fēn.

温度为28摄氏度，82华氏度。
Wēndù wéi èrshíbā shèshìdù, bāshí'èr huáshìdù.

飞机还将滑行一段距离，
Fēijī hái jiāng huáxíng yíduàn jùlí,

请保持座位上坐好、系好安全带直到飞机完全停稳。
qǐng bǎochí zuòwèi shang zuòhǎo、jìhǎo ānquándài zhí dào fēijī wánquán tíngwěn.

全体机组成员感谢您选乘瞳养航空公司的航班。
Quántǐ jīzǔ chéngyuán gǎnxiè nín xuǎn chéng Tóngyǎng Hángkōng Gōngsī de hángbān.

祝您在北京愉快。再见！
Zhù nín zài Běijīng yúkuài. Zàijiàn!

한국어 Ver.

손님 여러분,

우리 비행기는 베이징 서우두 국제공항에 도착했습니다.

중국과 한국은 한 시간의 시차가 있어 현재 중국의 시각은 오후 2시 10분이며,

온도는 섭씨 28도, 화씨 82도입니다.

비행기가 아직 여러분께서 내리실 장소로 이동 중이오니 완전히 멈출 때까지 자리에 앉으셔서

좌석벨트를 착용해 주시고 잠시만 기다려 주시기 바랍니다.

오늘도 저희 동양항공을 이용해 주신 여러분께 진심으로 감사드리며,

이곳 베이징에서 즐거운 시간 보내시기 바랍니다. 안녕히 가십시오.

⟨환송⟩ 下机

女士们，先生们。
Nǔshìmen, xiānshengmen.

欢迎您来到上海虹桥国际机场。我们的飞机完全停稳。
Huānyíng nín láidào Shànghǎi Hóngqiáo Guójì Jīchǎng. Wǒmen de fēijī wánquán tíngwěn.

请您带好随身携带的物品，
Qǐng nín dàihǎo suíshēn xiédài de wùpǐn,

再次确认手机、电脑、旅行证件等有没有遗留物品。
zàicì quèrèn shǒujī、diànnǎo、lǚxíng zhèngjiàn děng yǒu méiyǒu yíliú wùpǐn.

我们从前左边登机门下机。
Wǒmen cóng qián zuǒbian dēngjī mén xiàjī.

今天我们的飞机停在远机位，您坐摆渡车走到候机室。
Jīntiān wǒmen de fēijī tíng zài yuǎn jīwèi, nín zuò bǎidùchē zǒudào hòujīshì.

飞机内外温差较大，您下机时穿好外套。
Fēijī nèiwài wēnchā jiào dà, nín xiàjī shí chuānhǎo wàitào.

下机时，请注意下面台阶。祝您在上海愉快，再见！
Xiàjī shí, qǐng zhùyì xiàmian táijiē. Zhù nín zài Shànghǎi yúkuài, zàijiàn!

한국어 Ver.

손님 여러분,

상하이 홍차오 국제공항에 오신 것을 환영합니다. 우리 비행기가 완전히 멈추었습니다.

내리실 때 휴대전화, 노트북, 여행 서류 등 놓고 내리시는 물건은 없는지 다시 한번 확인하신 후 앞쪽 왼쪽 문을 이용해 내려 주시기 바랍니다.

오늘 우리 비행기는 탑승동과 연결되지 않은 곳에 멈춰, 셔틀버스를 타고 탑승동으로 이동할 예정입니다.

기내 안팎에 기온차가 크니 손님 여러분께서는 내리실 때 가지고 계신 외투를 착용하여 주십시오.

내리실 때 계단의 높낮이에 주의하시기 바랍니다.

상하이에서 즐거운 시간 보내시기 바랍니다. 안녕히 가십시오.

브랜드명		
세계 명품 브랜드		
AIGNER(아이그너)	安格尔	Āngé'ěr
ARMANI(아르마니)	阿玛尼	Āmǎní
BALENCIAGA(발렌시아가)	巴黎世家	Bālíshìjiā
BALLY(발리)	百丽	Bǎilì
BIOTHERM(비오템)	碧欧泉	Bì'ōuquán
BURBERRY(버버리)	巴宝丽	Bābǎolì
BVLGARI(불가리)	宝格丽	Bǎogélì
CARTIER(까르띠에)	卡地亚	Kǎdìyà
CHANEL(샤넬)	香奈儿	Xiāngnài'ér
CLARINS(클라란스)	娇韵诗	Jiāoyùnshī
CLINIQUE(크리니크)	倩碧	Qiànbì
COACH(코치)	寇驰	Kòuchí
CRABTREE&EVELYN(크랩트리&애블린)	瑰珀翠	Guīpòcuì
DIOR(디올)	迪奥	Dí'ào
DUNHILL(던힐)	登喜路	Dēngxǐlù
DUPONT(듀퐁)	都彭	Dūpéng
ESTEE LAUDAER(에스티로더)	雅诗兰黛	Yǎshīlándài
FENDI(펜디)	芬迪	Fēndí
FERRAGAMO(페라가모)	菲拉格慕	Fēilāgémù
GIVENCHY(지방시)	纪梵希	Jìfànxī
GRAFF(그라프)	格拉夫	Gélāfū
GUCCI(구찌)	古驰	Gǔchí
GUERLAIN(겔랑)	娇兰	Jiāolán
HARRY WINSTON(해리윈스턴)	哈利温斯顿	Hālìwēnsīdùn
HERMES(에르메스)	爱马仕	Àimǎshì
HUGO BOSS(휴고보스)	雨果博斯	Yǔguǒbósī
IWC(아이더블유씨)	万国	Wànguó
JURLIQUE(쥴리크)	茉莉蔻	Zhūlìkòu
KENZO(겐조)	高田贤三	Gāotiánxiánsān
LANCOME(랑콤)	兰蔻	Lánkòu

LA MER(라메르)	海蓝之谜	Hǎilánzhīmí
LOCCITANE(록시땅)	欧舒丹	Ōushūdān
LONGINES(론진)	浪琴	Làngqín
LOREAL(로레알)	欧莱雅	Ōuláiyǎ
LOUIS VUITTON(루이비통)	路易威登	Lùyìwēidēng
MIKIMOTO(미키모토)	御木本	Yùmùběn
MONT BLANC(몽블랑)	万宝龙	Wànbǎolóng
OMEGA(오메가)	欧米茄	Ōumǐqié
ORIGINS(오리진스)	悦木之源	Yuèmùzhīyuán
PARKER(파커)	派克	Pàikè
PRADA(프라다)	普拉达	Pǔlādá
ROLEX(로렉스)	劳力士	Láolìshì
SISLEY(시슬리)	希思黎	Xīsīlí
SHISEIDO(시세이도)	资生堂	Zīshēngtáng
SHU UEMURA(슈에무라)	植村秀	Zhícūnxiù
SWAROVSKI(스와로브스키)	施华洛世奇	Shīhuáluòshìqí
Tiffany & Co.(티파니앤코)	蒂芙尼	Dìfúní
Vacheron Constantin(콘스탄틴)	江诗丹顿	Jiāngshīdāndùn
VALENTINO(발렌티노)	华伦天奴	Huálúntiānnú
Van Cleef & Arpels(반클리프아펠)	梵克雅宝	Fànkèyǎbǎo
VERSACE(베르사체)	范思哲	Fànsīzhé

화장품

한국 화장품 브랜드

AMORE PACIFIC(아모레퍼시픽)	爱茉莉	Àimòlì
BANILA CO.(바닐라코)	芭妮兰	Bānīlán
CHARMZONE(참존)	婵真	Chánzhēn
ETUDE HOUSE(에뛰드하우스)	爱丽小屋	Àilìxiǎowū
HANYUL(한율)	韩律	Hánlǜ
HANSKIN(한스킨)	韩斯清	Hánsīqīng
HERA(헤라)	赫拉	Hèlā
WHOO(후)	后	Hòu
INNISFREE(이니스프리)	悦诗风吟	Yuèshīfēngyín
IOPE(아이오페)	艾诺碧	Àinuòbì
IT'S SKIN(잇츠스킨)	伊思	Yīsī
LANEIGE(라네즈)	兰芝	Lánzhī
LEADERS(리더스)	丽得姿	Lìdézī
MAMONDE(마몽드)	梦妆	Mèngzhuāng
MEDIHEAL(메디힐)	美迪惠尔	Měidíhuì'ěr
MISSHA(미샤)	谜尚	Míshàng
OHUI(오휘)	欧蕙	Ōuhuì
RYO(려)	吕	Lǚ
SKINFOOD(스킨푸드)	思亲肤	Sīqīnfū
SOORYEHAN(수려한)	秀丽韩	Xiùlìhán
SU:M37°(숨37°)	苏秘37度	Sūmìsānshíqīdù
SULWHASOO(설화수)	雪花秀	Xuěhuāxiù
THE FACE SHOP(더페이스샵)	菲诗小铺	Fēishīxiǎopù
TONYMOLY(토니모리)	魔法森林	Mófǎsēnlín

화장품 용어

스킨	化妆水	huàzhuāngshuǐ
로션	乳液	rǔyè
에센스	精华	jīnghuá
크림	面霜	miànshuāng
아이크림	眼霜	yǎnshuāng
마스크팩	面膜	miànmó

아이마스크팩	眼膜	yǎnmó
슬리핑팩	睡眠面膜	shuìmiánmiànmó
수분크림	保湿霜	bǎoshīshuāng
미백크림	美白霜	měibáishuāng
메이크업베이스	隔离霜	gélíshuāng
컨실러	遮瑕膏	zhēxiágāo
선크림	防晒霜	fángshàishuāng
비비크림	BB霜	BBshuāng
씨씨크림	CC霜	CCshuāng
오일클렌저	卸妆油	xièzhuāngyóu
메이크업팔레트	彩妆盒	cǎizhuānghé
마스카라	睫毛膏	jiémáogāo
립글로스	润唇膏	rùnchúngāo
립스틱	唇膏	chúngāo
아이라이너	眼线笔	yǎnxiànbǐ
에어쿠션	气垫粉	qìdiànfěn
파운데이션	粉底	fěndǐ
컴팩트파우더	粉饼	fěnbǐng:
프라이머	妆前乳	zhuāngqiánrǔ
미백세트	美白套装	měibáitàozhuāng
리페어세럼	修复精华	xiūfùjīnghuá
블러셔, 치크	腮红	sāihóng
아이섀도	眼影	yǎnyǐng
폼클렌징	洗面奶	xǐmiànnǎi
핸드크림	护手霜	hùshǒushuāng
미스트	喷雾	pēnwù

<table>
<tr><th colspan="3" style="text-align:center">술&담배</th></tr>
<tr><th colspan="3" style="text-align:center">주류</th></tr>
<tr><td>레드 와인</td><td>红葡萄酒</td><td>hóngpútáojiǔ</td></tr>
<tr><td>화이트 와인</td><td>白葡萄酒</td><td>báipútáojiǔ</td></tr>
<tr><td>스파클링 와인</td><td>气泡酒</td><td>qìpàojiǔ</td></tr>
<tr><td>샴페인</td><td>香槟</td><td>xiāngbīn</td></tr>
<tr><td>바이주</td><td>白酒</td><td>báijiǔ</td></tr>
<tr><td>보드카</td><td>伏特加</td><td>fútèjiā</td></tr>
<tr><td>위스키</td><td>威士忌</td><td>wēishìjì</td></tr>
<tr><td>진</td><td>金</td><td>jīn</td></tr>
<tr><td>럼</td><td>郎姆</td><td>lángmǔ</td></tr>
<tr><td>칵테일</td><td>鸡尾酒</td><td>jīwěijiǔ</td></tr>
<tr><td>한국 소주</td><td>烧酒</td><td>shāojiǔ</td></tr>
<tr><td>한국 막걸리</td><td>米酒</td><td>mǐjiǔ</td></tr>
<tr><td>맥주</td><td>啤酒</td><td>píjiǔ</td></tr>
<tr><th colspan="3" style="text-align:center">중국 주류 브랜드</th></tr>
<tr><td>칭다오 맥주</td><td>青岛啤酒</td><td>Qīngdǎo píjiǔ</td></tr>
<tr><td>옌징 맥주</td><td>燕京啤酒</td><td>Yānjīng píjiǔ</td></tr>
<tr><td>고량주</td><td>五粮液</td><td>Wǔliángyè</td></tr>
<tr><td>수정방</td><td>水井坊</td><td>Shuǐjǐngfāng</td></tr>
<tr><td>마오타이주</td><td>茅台酒</td><td>Máotáijiǔ</td></tr>
<tr><td>공주가주</td><td>孔府家酒</td><td>Kǒngfǔjiājiǔ</td></tr>
<tr><td>소흥주</td><td>绍兴酒</td><td>Shàoxīngjiǔ</td></tr>
<tr><td>지엔난춘</td><td>剑南春</td><td>Jiànnánchūn</td></tr>
<tr><td>낭주</td><td>郎酒</td><td>Lángjiǔ</td></tr>
<tr><td>전흥대곡</td><td>全兴大曲</td><td>Quánxìng dàqǔ</td></tr>
<tr><td>죽엽청주</td><td>竹叶青</td><td>Zhúyèqīng</td></tr>
<tr><td>분주</td><td>汾酒</td><td>Fénjiǔ</td></tr>
<tr><td>고정공주</td><td>古井贡酒</td><td>Gǔjǐnggòngjiǔ</td></tr>
<tr><th colspan="3" style="text-align:center">서양 주류 브랜드</th></tr>
<tr><td>ABSOLUTVODKA(앱솔루트보드카)</td><td>绝对伏特加</td><td>Juéduìfútèjiā</td></tr>
<tr><td>BACARDI(바카디)</td><td>百加得</td><td>Bǎijiādé</td></tr>
<tr><td>CHIVAS(시바스)</td><td>芝华士</td><td>Zhīhuáshì</td></tr>
<tr><td>HENNESSY(헤네시)</td><td>轩尼诗</td><td>Xuānníshī</td></tr>
</table>

JOHNNIEWALKER (조니워커)	尊尼获加	Zūnníhuòjiā
JOHNNIEWALKER SWINGSUPERIOR (조니워커스윙)	尊荣极品威士忌	Zūnróngjípǐnwēishìjì
LOUISXIII(루이 13세)	路易十三	Lùyìshísān
MARTELL(마르텔)	马爹利	Mǎdiēlì
MOET&CHANDON(모엣샹동)	酩悦香槟	Mǐngyuèxiāngbīn
REMY MARTIN X.O (레미마틴엑스오)	人头马X.O	RéntóumǎX.O

중국 담배 브랜드

옥계	玉溪	Yùxī
황학루	黄鹤楼	Huánghèlóu
중화	中华	Zhōnghuá
쌍희/홍쌍희	双喜/红双喜	Shuāngxǐ/Hóngshuāngxǐ
중남해	中南海	Zhōngnánhǎi
운연	云烟	Yúnyān
이군	利群	Lìqún
부용왕	芙蓉王	Fúróngwáng

기타 담배 브랜드

DUNHILL(던힐)	登喜路	Dēngxǐlù
ESSE(에쎄)	爱喜	Àixǐ
HILTON(힐튼)	希尔顿	Xī'ěrdùn
MANDARIN(만다린)	三五	Sānwǔ
MARLBORO(말보로)	万宝路	Wànbǎolù
MEVIUS(메비우스)	梅比乌斯	Méibǐwūsī
PARLIAMENT(팔리아멘트)	百乐门	Bǎilèmén
SEVEN STARS(세븐스타즈)	七星	Qīxīng

기내 설비

도어	机门	jīmén
조종실	驾驶舱	jiàshǐcāng
퍼스트 클래스	头等舱	tóuděngcāng
비지니스 클래스	公务舱	gōngwùcāng
이코노미 클래스	经济舱/普通舱	jīngjìcāng/pǔtōngcāng
선반(오버헤드)	行李架	xínglijià
창문 커튼	遮光板	zhēguāngbǎn
기내 전화기	内话机	nèihuàjī
좌석	座椅	zuòyǐ
안전벨트	安全带	ānquándài
호출 버튼	呼唤铃/呼叫铃	hūhuànlíng/hūjiàolíng
독서등	阅读灯	yuèdúdēng
에어컨	空调	kōngtiáo
통로	过道	guòdào
창가	靠窗	kàochuāng
창문	窗户	chuānghu
테이블	小桌板/小桌子	xiǎozhuōbǎn/xiǎozhuōzi
스크린	画面/屏幕	huàmiàn/píngmù
리모컨	摇控器	yáokòngqì
등받이	靠背	kàobèi
팔걸이	扶手	fúshou
발 받침대	脚踏板	jiǎotàbǎn
비행기 주방(갤리)	厨房	chúfáng
바닥	地板	dìbǎn
오븐	烤炉	kǎolú
음료 카트	饮料车	yǐnliàochē
밀 카트	餐车	cānchē
수납	收纳	shōunà
휴지통	垃圾桶	lājītǒng
워터보일러	热水器	rèshuǐqì
화장실	洗手间	xǐshǒujiān
양변기	马桶	mǎtǒng
세면대	洗手池	xǐshǒuchí

거울	镜子	jìngzi

구급 설비

비상등	应急灯	yīngjídēng
산소통	氧气瓶	yǎngqìpíng
소화기	灭火瓶	mièhuǒpíng
방독면	放烟面罩	fángyān miànzhào
ELT(비상위치송신기)	发射机	fāshèjī
약 상자	药箱	yàoxiāng
구명조끼	救生衣	jiùshēngyī
손전등	手电	shǒudiàn
마이크폰	麦克风	màikèfēng
구급상자	急救箱	jíjiùxiāng
슬라이드	滑梯	huátī
구명보트	救生船	jiùshēngchuán

서비스 용품

담요	毛毯/毯子/被子	máotǎn/tǎnzi/bèizi
쿠션	枕头/靠枕	zhěntou/kàozhěn
신문	报纸	bàozhǐ
잡지	杂志	zázhì
이어폰	耳机	ěrjī
귀마개	耳塞	ěrsāi
안대	眼罩	yǎnzhào
칫솔	牙刷	yáshuā
치약	牙膏	yágāo
생리대	卫生巾	wèishēngjīn
면세책자	免税书	miǎnshuìshū
영아 안전벨트	婴儿安全带	yīng'ér ānquándài
베시넷	婴儿摇篮	yīng'ér yáolán
화장지	卫生纸	wèishēngzhǐ
핸드 티슈	擦手纸	cāshǒuzhǐ
두루마리 휴지	卷纸	juànzhǐ
손 세정제	洗手液	xǐshǒuyè
핸드크림	护手霜	hùshǒushuāng
향수	香水	xiāngshuǐ

<table>
<tr><td colspan="3" align="center">식음료 서비스</td></tr>
<tr><td colspan="3" align="center">식사</td></tr>
<tr><td>아침 식사</td><td>早餐</td><td>zǎocān</td></tr>
<tr><td>점심 식사</td><td>午餐</td><td>wǔcān</td></tr>
<tr><td>저녁 식사</td><td>晚餐</td><td>wǎncān</td></tr>
<tr><td>한국식</td><td>韩式</td><td>hánshì</td></tr>
<tr><td>태국식</td><td>泰式</td><td>tàishì</td></tr>
<tr><td>영국식</td><td>英式</td><td>yīngshì</td></tr>
<tr><td>프랑스식</td><td>法式</td><td>fǎshì</td></tr>
<tr><td>닭고기</td><td>鸡肉</td><td>jīròu</td></tr>
<tr><td>오리고기</td><td>鸭肉</td><td>yāròu</td></tr>
<tr><td>돼지고기</td><td>猪肉</td><td>zhūròu</td></tr>
<tr><td>양고기</td><td>羊肉</td><td>yángròu</td></tr>
<tr><td>정찬</td><td>正餐</td><td>zhèngcān</td></tr>
<tr><td>콜드 밀</td><td>冷食</td><td>lěngshí</td></tr>
<tr><td>핫 밀(앙뜨레)</td><td>热食</td><td>rèshí</td></tr>
<tr><td>간식</td><td>点心</td><td>diǎnxin</td></tr>
<tr><td>밑반찬</td><td>小菜</td><td>xiǎocài</td></tr>
<tr><td>스낵</td><td>快餐</td><td>kuàicān</td></tr>
<tr><td>트레이</td><td>冷盘</td><td>lěngpán</td></tr>
<tr><td>커트러리</td><td>刀叉包</td><td>dāochābāo</td></tr>
<tr><td>포크</td><td>叉子</td><td>chāzi</td></tr>
<tr><td>숟가락</td><td>勺子</td><td>sháozi</td></tr>
<tr><td>젓가락</td><td>筷子</td><td>kuàizi</td></tr>
<tr><td>나이프</td><td>刀子</td><td>dāozi</td></tr>
<tr><td>스터(젓개)</td><td>搅拌滚</td><td>jiǎobàngǔn</td></tr>
<tr><td>버터</td><td>黄油</td><td>huángyóu</td></tr>
<tr><td>소금</td><td>盐</td><td>yán</td></tr>
<tr><td>후추</td><td>胡椒</td><td>hújiāo</td></tr>
<tr><td>고추장</td><td>辣椒酱</td><td>làjiāojiàng</td></tr>
<tr><td>물수건</td><td>湿纸巾</td><td>shīzhǐjīn</td></tr>
<tr><td>이쑤시개</td><td>牙签</td><td>yáqiān</td></tr>
<tr><td>초콜릿</td><td>巧克力</td><td>qiǎokèlì</td></tr>
<tr><td>과자</td><td>饼干</td><td>bǐnggān</td></tr>
</table>

쿠키	曲奇	qǔqí
케이크	蛋糕	dàngāo

음료

오렌지 주스	橙汁	chéngzhī
사과 주스	苹果汁	píngguǒzhī
포도 주스	葡萄汁	pútáozhī
복숭아 주스	桃汁	táozhī
토마토 주스	番茄汁/西红柿汁	fānqiézhī/xīhóngshìzhī
알로에 주스	芦荟汁	lúhuìzhī
망고 주스	芒果汁	mángguǒzhī
우유	牛奶	niúnǎi
코카콜라	可口可乐	kěkǒu kělè
펩시콜라	百事可乐	bǎishì kělè
다이어트콜라	零度可乐	língdù kělè
스프라이트	雪碧	xuěbì
세븐업	七喜	qīxǐ
소다워터	苏打水	sūdǎshuǐ
토닉워터	汤力水	tānglìshuǐ
진저에일	干姜水	gànjiāngshuǐ
아메리카노	美式咖啡	měishì kāfēi
카페라떼	咖啡拿铁	kāfēi nátiě
카푸치노	卡布奇诺	kǎbùqínuò
모카라떼	摩卡拿铁	mókǎ nátiě
블랙커피	黑咖啡	hēikāfēi
녹차	绿茶	lǜchá
말차	抹茶	mǒchá
홍차	红茶	hóngchá
오룡차	乌龙茶	wūlóngchá
재스민차	茉莉花茶	mòlìhuāchá
용정차	龙井茶	lóngjǐngchá
보이차	普洱茶	pǔ'ěrchá
국화차	菊花茶	júhuāchá
설탕	糖	táng
프림	伴侣	bànlǚ

Q 저는 중국 항공사에 가장 가고 싶습니다. 어떤 것이 가장 중요할까요?

A 중국 항공사의 승무원이 되려면, 먼저 유창한 중국어 능력이 가장 우선입니다. 중국어로 면접을 보고, 실제 비행 중에도 가장 많이 쓰이는 언어입니다. 물론 영어 능력은 가장 기본 조건이겠죠!
우선 승무원 면접 준비를 위해서는 답변 정리 노트를 만드는 것이 중요합니다. 항공사 면접 기출 문제를 자기만의 색을 보여줄 수 있는 이야기로 먼저 정리해 두고, 그것을 영어, 중국어로도 준비를 해 두어야 합니다. 또한, 스스로 준비가 되었다고 생각했을 때 지원하시는 것이 좋은 결과에 도움이 될 것이라고 생각합니다.

Q 저는 외모나 신체 조건도 뛰어나지 않고, 스펙도 좋지 않습니다. 면접 때 어떤 점을 어필해야 할까요?

A 자신만의 매력을 찾으세요! 화려한 스펙, 완벽한 준비, 아름다운 외모도 중요하지만 자신만의 매력을 찾아 어필하는 것이 면접관에게 나를 각인시킬 포인트라고 생각하는데요. 자신만의 매력을 찾는 일은 어려운 일이 아닙니다. 상대방의 장점을 빨리 파악할 수 있다거나, 화장을 잘 한다거나, 체력이 좋다거나 하는 등 사소할 수 있지만 나를 각인시킬 수 있는 자신만의 매력을 찾는다면 많은 지원자 속에서 나를 어필하는 데에 큰 도움이 될 것입니다.

Q 저는 면접만 보면 너무 떨려서 준비한 중국어 답변을 잊어버립니다. 어떻게 해야 하나요?

A 성공적인 중국어 면접을 위해서는 나만의 스토리가 잘 들어간 면접 답변 매뉴얼을 만들어야 합니다. 그리고 이 답변을 전문가 및 원어민에게 첨삭을 받은 후 입에 익숙해질 때까지 외워야 합니다.
한국어 답변은 외워서 대답하면 어색하고 기계적일 수 있지만 외국어는 외워서 말하고 익히는 과정이 학습의 과정입니다. 나만의 매뉴얼을 항시 지참하여 누가 질문해도 당당하게 대답할 수 있도록 준비해야 합니다.

Q 면접에서 가장 중요한 점이 무엇이라고 생각하시나요?

A 자신감은 면접의 꽃입니다. 겸손함 속에 묻어나는 자신감 있는 모습은 상대방을 압도할 수 있으며, 면접관에게도 좋은 인상을 줄 수 있습니다. 자신감 없는 모습을 보이는 건 비행기를 타고 있는 승객들에게 불안감을 심어줄 수 있으며, 컴플레인이나 당황스러운 질문을 받았을 때 신뢰감을 떨어뜨리는 행동으로 이어집니다. 그러므로 항상 자신감을 가지고 모든 일에 임하세요!

Q 저는 정말 승무원을 하고 싶어요! 하지만 면접에서 자꾸 떨어지니 의욕이 떨어져요.

A 그럴 땐 '내가 왜 승무원을 해야 할까?'라고 나 자신에게 진지하게 물어본 적이 있는 생각해 보세요. 의욕 없이 지쳐 있는 나를 벌떡 일으키게 할 나만의 이유를 찾아야 합니다.
예를 들면 나를 위해 힘들게 일하고 응원해 주시는 부모님, 승무원이 되어 전세계를 돌아다니며 견문을 넓히고 즐겁게 비행할 나의 미래 등 나를 간절하게 만드는 이유를 찾아보는 것이 어떨까요?

외국어 출판 40년의 신뢰
외국어 전문 출판 그룹
동양북스가 만드는 책은 다릅니다.

40년의 쉼 없는 노력과 도전으로 책 만들기에 최선을 다해온 동양북스는
오늘도 미래의 가치에 투자하고 있습니다.
대한민국의 내일을 생각하는 도전 정신과 믿음으로 최선을 다하겠습니다.

동양북스